DOC SEVEN
PRÉSENTE

777 FAITS SURPRENANTS SUR LE MONDE QUI NOUS ENTOURE

FIRST Editions

Je n'ai absolument pas la prétention d'apprendre quoi que ce soit à qui que ce soit. Mon but, avec ce recueil d'anecdotes historiques, de records insolites ou de lieux extraordinaires, est d'éveiller ta curiosité et de te montrer que n'importe quel thème peut être intéressant. D'ailleurs, si un fait en particulier te fascine, n'hésite surtout pas à continuer tes recherches sur Internet ou dans une bibliothèque !

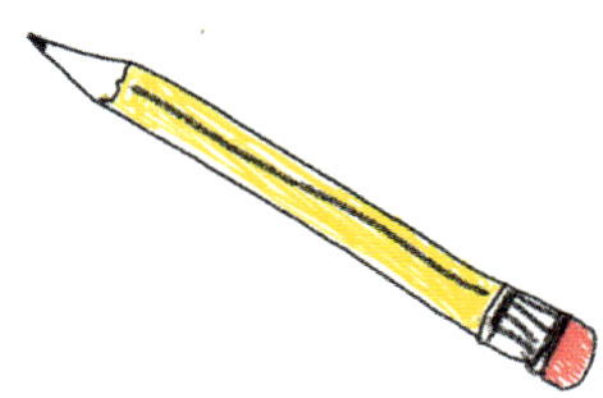

UNE FOURMI

peut porter des objets pesant jusqu'à 50 fois son propre poids.
➜ À titre de comparaison, **c'est comme si un homme de 70 kilos, pouvait tranquillement porter sur son dos un camion de 3,5 tonnes.** Pratique, non ?

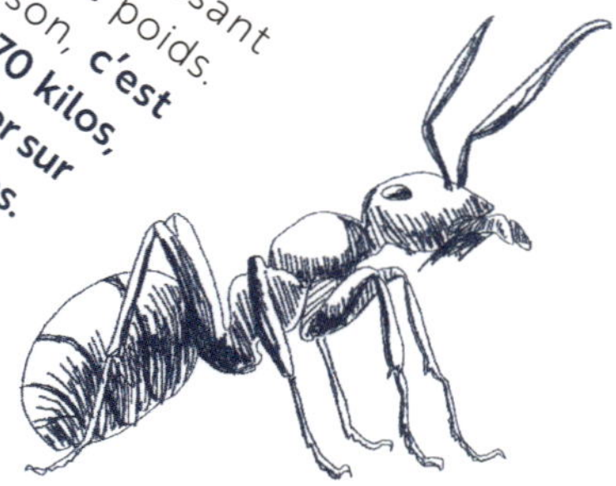

PREMIÈRE WEBCAM DE L'HISTOIRE

En 1993, la première webcam branchée directement sur le net filmait en continu… une cafetière. Deux chercheurs d'une université anglaise qui travaillaient dans la pièce d'à côté voulaient juste pouvoir voir s'il restait du café sans avoir à se déplacer. Oui, la première webcam a été installée pour surveiller du café.

LA TERRE PREND DE PLUS EN PLUS DE TEMPS POUR TOURNER SUR ELLE-MÊME.

Ça signifie que les jours sont de plus en plus longs, quelques microsecondes supplémentaires par siècle. Ça ne fait pas grand-chose, mais je te rappelle que la Terre est assez vieille et que, du coup ➜ il y a 600 millions d'années, on a calculé qu'une journée durait seulement 22 heures !

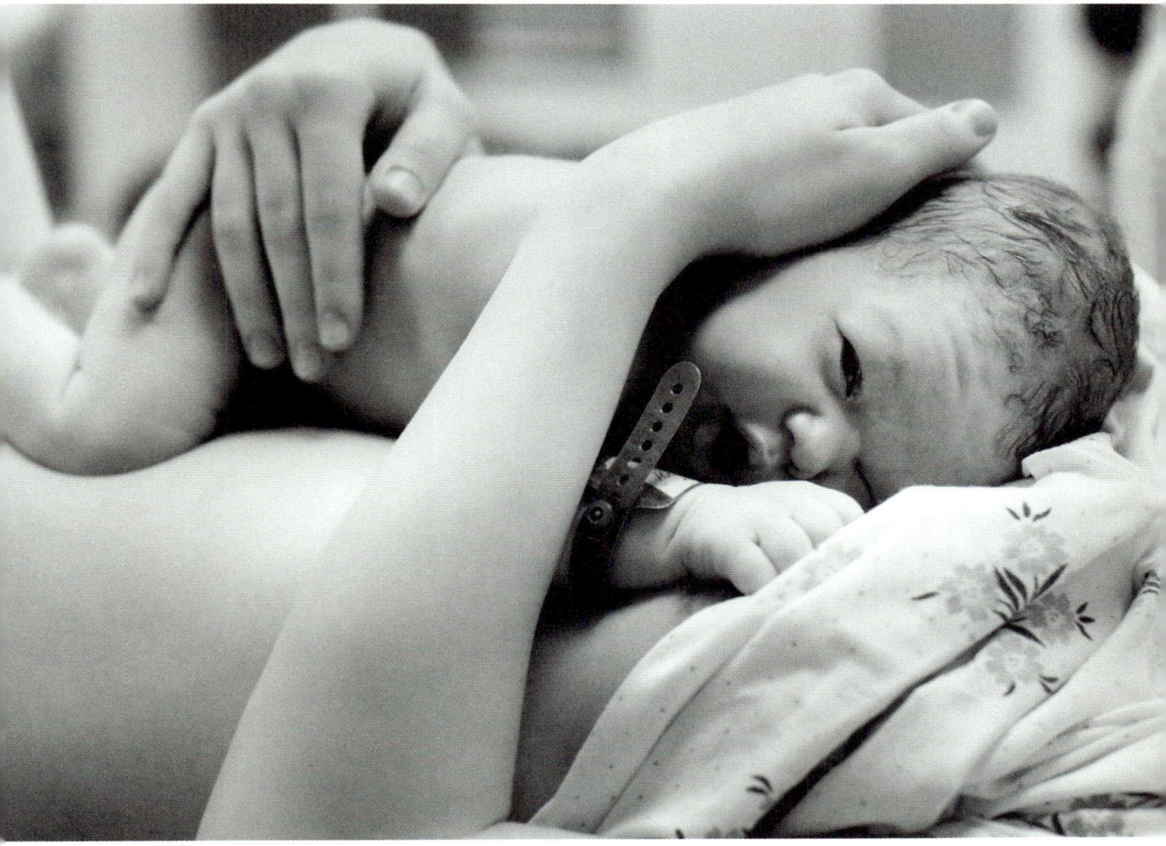

VOIR LA VIE EN ROSE. OU PAS.

Ce n'est qu'à partir de trois mois qu'un bébé voit en couleurs. Avant, pour lui, tout est noir et blanc. La première couleur qu'il discerne est le rouge. D'ailleurs, un nouveau-né voit flou au-delà de 30 cm pendant les premières semaines de sa vie. C'est pour ça que tout parent, instinctivement, approche toujours au maximum son visage de celui du bébé.

GROS SOUS. Au premier trimestre 2014, Apple a généré près de 44 milliards de dollars. C'est plus que Google, Amazon et Facebook réunis.

LA PREMIÈRE BLAGUE DE L'HISTOIRE

En 2008, une équipe de l'université de Wolverhampton a fouillé dans l'histoire pour retrouver quelles étaient les plus vieilles blagues connues. La grande gagnante serait un vieux proverbe sumérien qui aurait plus de 4000 ans et qui parle, tiens-toi bien, de prouts. Littéralement, il se traduit comme ça : **« Qu'est-ce qui n'est jamais arrivé depuis des temps immémoriaux ? Le fait qu'une jeune femme ait réussi à se retenir de péter sur les genoux de son mari. »** Wow, on était drôle à l'époque !

UNE FORÊT ROCK'N ROLL

En Argentine, il existe une forêt en forme de guitare. Les 7 000 arbres qui la composent ont été plantés en 1979 par un fermier, en hommage à sa femme décédée. L'ironie, c'est que ce pauvre fermier n'a jamais pu voir de ses propres yeux son œuvre vue du ciel, parce qu'il a tout simplement trop peur de l'avion !

BIEN AVANT LE MONOPOLY

À partir de 1685 et pendant de longues années, des cartes à jouer ont servi de monnaie au Canada. Alors colonie française, le Canada (appelé à l'époque la Nouvelle-France) est en pénurie de pièces de monnaie. Comme, à l'époque, peu de gens savaient écrire, on réquisitionna une grande quantité de cartes à jouer, au dos desquelles on inscrivit une valeur, avant de les remettre en circulation comme bien monétaire.

DJ SUPER MAMIE

Iwamuro a 87 ans et vit à Tokyo. La journée, elle confectionne des boulettes de pâte dans un restaurant qu'elle possède. Le soir par contre, elle se rend au DecaBar, une discothèque de Tokyo, pour enfiler son deuxième costume : celui de **DJ Sumirock, la plus vieille DJ au monde encore en activité.** Sa spécialité ? La techno, bien sûr !

FRISQUET

Il est possible de développer une allergie au froid qui est susceptible de causer de l'urticaire, des gonflements, voire des chocs épileptiques et des évanouissements… Dans de rares cas, l'allergie peut même s'avérer mortelle.

UN SENS DE L'ORIENTATION SANS FAILLE

Le Guugu Yimithirr est une langue aborigène d'Australie dans laquelle les termes « droite », « gauche », « haut » et « bas » n'existent tout simplement pas. Toute leur vie, les membres de cette tribu utiliseront les notions d'est, ouest, nord et sud, qu'ils soient en train de naviguer en pleine mer ou de demander à tonton de leur passer le sel. En récompense, tous les gens bercés dans cette langue grandissent avec un compas naturel dans le cerveau, et un sens de l'orientation sans faille.

ZEUS N'AIME PAS LES HOMMES

On ne sait pas exactement pourquoi, mais 80 % des personnes frappées par la foudre sont des hommes.

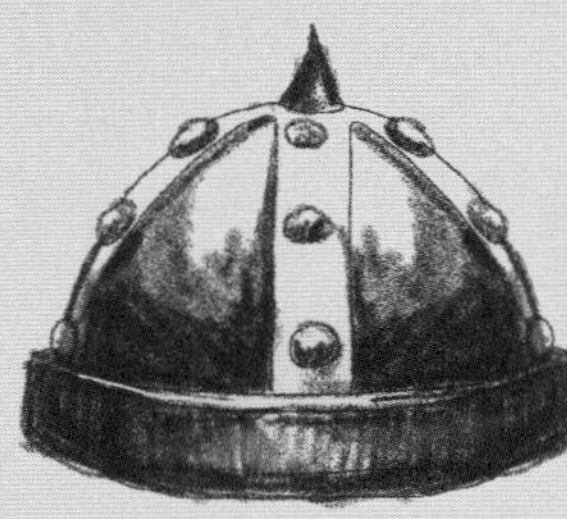

PENDANT LES BATAILLES, LES GUERRIERS VIKINGS BLESSÉS DEVAIENT BOIRE DE LA SOUPE À L'OIGNON, TRÈS TRÈS CONCENTRÉE EN OIGNON. LE BUT ? Quelques minutes après ingestion de la soupe, les infirmières reniflaient la blessure et, si l'odeur d'oignon se faisait sentir, c'était mal barré pour le guerrier ! Ouais, si la plaie sentait l'oignon, ça voulait dire que les blessures internes étaient très sérieuses, et que la mort était inéluctable.

LA CRÉATION AVANT TOUT

Le célèbre compositeur Danny Elfman a trouvé l'inspiration pour la musique du film *Batman* dans un vol reliant Londres à New York. De peur d'oublier les quelques airs qu'il avait en tête, il est allé une bonne trentaine de fois aux toilettes pour s'enregistrer sur un dictaphone à chaque nouvelle idée. Tout l'avion le prenait pour un junkie.

ATTENTION, CRAPAUDS EXPLOSIFS !

En 2005, plus d'un millier de crapauds ont été retrouvés morts après avoir explosé. Beaucoup d'hypothèses ont émergé chez les scientifiques, mais la plus plausible semble être celle des corbeaux. Les corbeaux sont des oiseaux très intelligents et ont compris comment venir à bout de leur proie. Lorsqu'ils attaquent un crapaud, ils lui percent le foie. Le crapaud, lui, va gonfler naturellement, c'est son système de défense. Sauf que sans foie et avec un trou dans le corps, les vaisseaux explosent, certains organes éclatent et PAF, de la bouillie de crapaud.

À sa création en 1976, RED BULL était une boisson énergisante thaïlandaise, surtout utilisée par les routiers et les agriculteurs.

En 1999, Coca-Cola s'était attiré les foudres du grand public après l'annonce d'un dispositif sur lequel l'entreprise travaillait : **un distributeur de boissons qui adaptait ses prix en fonction de la température.** Plus il fait chaud, plus la boisson est chère. Heureusement, face au mécontentement des consommateurs, Coca-Cola a rapidement fait avorter ce projet.

En 2016, deux plongeurs amateurs ont découvert au large des côtes israéliennes l'épave d'un navire romain vieux de plus de 1600 ans. L'épave était remplie de statues de bronze et de pièces en tout genre, à tel point que les scientifiques l'ont rapidement considérée comme « la découverte archéologique la plus importante de ces 30 dernières années ».

GIRL POWER

Marie Curie et sa fille Irène ont, à elles seules, reçu la moitié des prix Nobel de chimie décernés à des femmes. Oui, seulement quatre femmes ont reçu un prix Nobel de chimie. Pour l'anecdote, seulement deux femmes ont reçu un prix Nobel de physique… l'une étant Marie Curie !

LE VATICAN ET LES PHILIPPINES SONT LES DEUX SEULS PAYS AU MONDE OÙ LE DIVORCE EST INTERDIT.

PETITE ÎLE À VENDRE

L'île Ernst Thälmann est une île cubaine au statut très particulier. En 1972, Cuba a offert cette île à la République démocratique allemande (Allemagne de l'Est pendant la guerre froide). Des images de l'époque montrent même l'inauguration d'une stèle sur l'île pour symboliser ce cadeau. Sauf qu'au début des années 1990, lorsque l'Allemagne est réunifiée, on ne trouve aucune mention de cette île sur aucun papier officiel. Alors, à qui appartient-elle maintenant ?

Il existe à Vienne, en Autriche, le seul musée public au monde dédié exclusivement aux globes (terrestres, célestes, planétaires, etc.).

LA MOUSTACHE DU CHAMPION

Mark Spitz, une des légendes américaines de la natation, avec neuf titres olympiques à son palmarès, était presque aussi bon en troll qu'en natation ! En 1972, il a trollé l'équipe de natation de l'URSS, en racontant à leur coach que le secret de son talent, c'était la forme de sa moustache, qui le rendait plus hydrodynamique. Que du mytho, bien sûr, mais ça n'a pas empêché l'année suivante tous les nageurs russes de se pointer aux championnats du monde avec une moustache à la Mark Spitz, pour le plus grand bonheur de ce dernier !

MATHUSALEM À ÉCAILLES

La plus vielle carpe recensée est morte le 7 juillet 1977 (oui, 7/7/77), à l'âge de 226 ans. C'était une carpe koï japonaise nommée Hanako : née en 1751, elle a donc connu la naissance et la mort de Mozart comme de Louis XIV, les deux guerres mondiales ou encore le premier homme sur la Lune. Stylé.

AVOIR UN GROUPE SANGUIN DE TYPE O TE REND DEUX FOIS PLUS ATTRACTIF,
aux yeux des moustiques, que les personnes de groupe sanguin de type A. Désolé pour toi !

LA « MÈRE » DE WINNIE

En 1915, le lieutenant canadien Harry Colebourn achète une petite ourse brune avant d'embarquer avec sa compagnie pour rejoindre l'Europe et la Première Guerre mondiale. Cette ourse, baptisée Winnipeg, vivra finalement au zoo de Londres de 1915 jusqu'à sa mort en 1934. **C'est là-bas, qu'adorée par le jeune Christopher Robin Milne, elle deviendra Winnie l'ourson sous la plume de son père, Alan Alexander Milne.**

Si tu embrasses quelqu'un pendant au moins 10 secondes, sache qu'environ **80 MILLIONS DE BACTÉRIES SERONT ÉCHANGÉES AVEC CETTE PERSONNE.**

AMADO CARRILLO FUENTES, CHEF D'UN CARTEL MEXICAIN, ÉTAIT L'UN DES BARONS DE LA DROGUE LES PLUS RICHES DU MONDE DANS LES ANNÉES 1990. Recherché intensivement par la police, il décide en 1997 de subir une grosse opération de chirurgie esthétique qui doit lui faire changer complètement d'apparence. Malheureusement pour lui, il décède pendant cette opération. Plus tard, on retrouvera deux des médecins présents pendant l'opération morts coulés dans du béton.

ARTISTE INCOMPRIS

La Vigne rouge est le seul tableau que Vincent Van Gogh ait vendu de son vivant. À l'époque, il l'aurait vendu 400 francs (environ 800 euros). Les autres tableaux de Van Gogh, près de 900 œuvres, furent tous vendus après sa mort, et un poil plus chers...

À la base, Walt Disney voulait appeler Mickey « Mortimer Mouse ».
C'est sa femme qui l'a fait changer d'avis.

JE LA REMERCIE.

L'EFFET PAP... MOUSTIQUE

Dans les années 1950, pour lutter contre une importante épidémie de malaria sur l'île de Bornéo, le gouvernement malaisien a répandu dans la nature du DDT, un insecticide très toxique. L'opération a bien fonctionné, puisque beaucoup de moustiques porteurs de la maladie sont morts. Malheureusement, d'autres insectes ont été touchés, comme des guêpes, prédatrices de chenilles. Ces chenilles se nourrissant des toits de paille des habitations sur place et n'étant visiblement pas affectées par le DDT, leur prolifération a entraîné l'effondrement de bon nombre de maisons. Depuis, les moustiques morts se sont fait manger par des geckos. Ces geckos étaient très peu affectés par ce poison, mais les chats qui mangeaient ces mêmes geckos l'étaient et mourraient rapidement. **Population de chats qui baisse = population de rats qui augmente.** Et c'est comme ça qu'en voulant éradiquer des moustiques porteurs de malaria, le gouvernement a fait exploser la population de rats sur l'île !

SACRÉ NIKOLA

EN 1898, TESLA A ORGANISÉ UN CANULAR DIGNE DES MEILLEURS TROLLS DE L'HISTOIRE. Pendant plus d'une demi-heure, lors d'une foire présentant des inventions en lien avec l'électricité, il a fait croire à une foule en délire qu'elle pouvait diriger un petit bateau rien que par la voix. Ce que les spectateurs ignoraient, c'est que Tesla venait d'inventer la télécommande radio et pilotait le bateau en cachette.

Ça paraît bête, mais les cochons d'Inde ne sont pas des cochons… Et ne viennent pas d'Inde, mais d'Amérique du Sud ! Ils s'appellent comme ça parce que leur cri rappelle celui des cochons et parce qu'à l'époque, Christophe Colomb pensait avoir débarqué en Inde et pas en Amérique.

LA TRANSPARENCE EXTRÊME

CHAQUE ANNÉE, LA NORVÈGE REND PUBLIQUES LES DONNÉES FISCALES DE TOUS LES CONTRIBUABLES DU PAYS (FORTUNE, REVENUS, ETC.).

Le roman *La Disparition* de l'auteur Georges Perec est intégralement écrit sans la lettre « E ». Un exploit !

LE MARDI C'EST PAS PERMIS

Alexandre Ier, roi de Yougoslavie, a toujours refusé d'organiser des événements publics le mardi. En effet, il détestait ce jour de la semaine, après que trois membres de sa famille décédèrent un mardi. Dans toute sa vie de roi, Alexandre Ier ne fit qu'une seule exception à cette règle, en 1934, forcé par un voyage diplomatique en France de faire une apparition publique à Marseille avec le ministre des Affaires étrangères, Louis Barthou. Et, tu t'en doutes, Alexandre Ier a été assassiné ce jour-là. Pour l'anecdote, beaucoup de reporters étaient sur place et ce meurtre est le premier assassinat filmé de l'histoire.

LA MARCHE DE L'IVROGNE

Combien de temps met la lumière pour atteindre la Terre depuis le Soleil ? Un peu plus de huit minutes ? Oui, mais non. Le voyage de la lumière ne commence pas depuis la surface du Soleil. Le Soleil est tellement dense que les photons ne peuvent pas se déplacer rapidement. Ils sont émis, puis absorbés, puis réémis, etc. Sauf qu'à chaque fois, ils ne se déplacent que de quelques centimètres, et dans une direction totalement aléatoire ; on appelle ça « la marche de l'ivrogne ». **La lumière peut donc mettre, en moyenne, plus de 4 000 ans à atteindre la surface du Soleil avant de venir te réchauffer le visage huit minutes plus tard.**

#IDÉEREÇUE

Quand on se demande quel pays a la plus grande population musulmane au monde, on pense directement à un pays du Moyen-Orient, mais non, **c'est bien l'Indonésie qui rafle ce titre avec plus de 200 millions de musulmans.** On estime qu'en 2050, l'Indonésie sera dépassée par l'Inde et le Pakistan.

PHILANTROPE

Un homme appelé Albert Lexie a passé 36 ans de sa vie à cirer des chaussures à l'hôpital pour enfants de Pittsburgh. Tout ce qu'on lui donnait au-dessus de 5 $ pour un cirage, il le reversait à l'hôpital. En tout, il a fait gagner plus de 200 000 $ à l'institution...

EN 2010, LA POPULATION DE BERLIN ÉTAIT ENCORE INFÉRIEURE À CELLE DE 1939.

LE PARFAIT TUE-L'AMOUR !

Le tellure est un élément chimique proche d'un métal. Il a été prouvé qu'en ingérer provoque la production par le corps de tellurure de diméthyle. On pense que cet élément n'est pas dangereux pour la santé, mais **il a la particularité de sentir l'ail.** D'ailleurs, ne consommer qu'un millième de gramme de tellure peut te donner une haleine et une odeur corporelle proche de l'ail pendant plus de huit mois !

Une vieille légende allemande datant du Moyen Âge indique que le meilleur remède pour soigner un mal de dents est d'embrasser un âne.

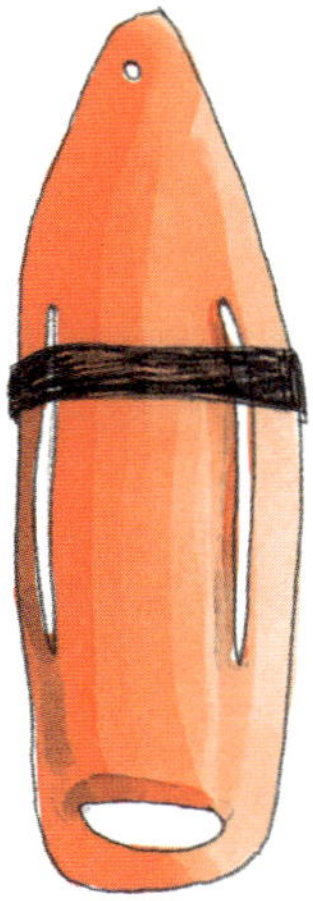

COÏNCIDENCE DE OUF

En 1965, Roger Lausier, un enfant de 4 ans, est passé à deux doigts de la noyade, à la plage, dans la petite ville de Salem (Massachusetts), avant d'être sauvé par Alice Blaise, une inconnue qui passait par là. Neuf ans plus tard, sur la même plage, c'est au tour de Roger de sauver la vie d'un inconnu. Cet inconnu n'était autre que le mari d'Alice Blaise ! Karma power.

À son apogée au XIIIe siècle, l'empire mongol fut le plus grand empire de l'histoire. Il couvrait près de 33 millions de km^2, soit plus d'un cinquième de la Terre !

HÉROS À QUATRE PATTES

Salty et Roselle étaient deux chiens d'aveugles présents dans le World Trade Center le 11 septembre 2001. Ils étaient tous deux dans la première tour attaquée : Salty au 71e étage, et Roselle au 78e. Les deux sont parvenus à guider leur maître respectif sain et sauf jusqu'à la sortie, traversant le chaos, et même des pièces en feu. Les deux héros canins ont ensuite été décorés par le maire de New York.

PAS TRÈS FAIR-PLAY !

Lors des éditions de 2004 et 2008 des Jeux paralympiques, les athlètes avec un handicap mental étaient interdits de participation. La raison ? L'équipe d'Espagne de basket, qui avait triché lors des jeux de 2000, avait en son sein 10 joueurs qui faisaient semblant d'avoir un handicap.

L'ÉQUIVALENT CHINOIS DE YOUTUBE S'APPELLE YOUKU.
Les deux compagnies ne sont pas liées. Youku existe depuis fin 2006 et compte presque 600 millions d'utilisateurs. D'ailleurs, YouTube n'est pas accessible depuis la Chine.

GLAUQUE
Plusieurs sociétés à travers le monde proposent de créer des diamants à partir des cendres d'un défunt.

En 1979, la comédie satirique *Monty Python : La Vie de Brian*, inspirée de l'histoire biblique, a été bannie par le gouvernement norvégien pour blasphème. En Suède, ils ont vu ça comme une opportunité en or de troller leurs voisins norvégiens, avec cette campagne de promotion qui ne manquait pas d'humour : « *La Vie de Brian*, le film si drôle qu'il a été banni en Norvège ! »

UN JARGON PAS PIQUÉ DES MANETONS

Dans le jargon du déménagement, il y a beaucoup de mots rigolos. La « gerbe » désigne tous les objets légers qu'on charge en hauteur dans le camion. La « nouille » est une espèce d'élastique. L'« araignée » est un assemblage de sangles qui délimite les lots à l'intérieur du camion. Je dois avouer que mon préféré reste la « salade », qui désigne les plantes vertes, souvent chargées en dernier.

CE QUI S'APPELLE NE PAS AVOIR DE NEZ...

En 2009, Microsoft a proposé de racheter Yahoo pour 44,6 milliards de dollars. Yahoo a refusé l'offre. En 2016, Yahoo est vendu pour 4,8 milliards... ou comment perdre 40 milliards en sept ans.

MERCI YOUTUBE

Au Guyana, une petite tribu amérindienne a trouvé une solution insolite pour lutter contre l'appropriation illégale de leur terre par des multinationales. **Grâce à des tutoriels sur YouTube, ils ont construit leur propre drone afin de filmer depuis le ciel les activités illicites** des entreprises qui rasent la forêt. Ensuite, ils n'ont plus eu qu'à envoyer leur enregistrement au gouvernement. Bien joué !

LISZTOMANIA

Franz Liszt était un très célèbre pianiste du XIXᵉ siècle. On raconte que c'est le premier musicien à avoir suscité une admiration telle que ses fans devenaient fous en concert. Les dames se battaient entre elles pour obtenir ses gants ou ses mouchoirs. Lorsqu'une corde de piano se cassait, on se bousculait pour la récupérer et en faire des bracelets. Certains spectateurs venaient même aux concerts avec un portrait du musicien. Franz était définitivement l'ancêtre des One Direction !

Le mot « borborygme » est la façon scientifique de désigner des « gargouillements de ventre ».

Au Japon, il y a du braille sur chaque cannette de bière. Comme ça, les aveugles ne peuvent pas les confondre avec des boissons non alcoolisées.

VOYAGE RISQUÉ

Les migrations de certaines espèces d'oiseaux ont longtemps été un mystère pour les scientifiques. Où pouvaient donc bien partir toutes ces cigognes et autres volatiles ? La réponse est venue progressivement, mais plusieurs cas de « *Pfeilstorch* » ont aidé à la compréhension du problème. Les ***Pfeilstorch*** (mot allemand) sont des cigognes retrouvées en Europe avec une flèche fichée dans le corps, vraisemblablement blessées par des tribus africaines pendant leur migration. En 1822, une cigogne a été trouvée avec une sagaie de 80 cm plantée dans le cou. Elle a été empaillée avec et est exposée à l'université de Rostock, en Allemagne.

HISTOIRE DE BÊTES ET NOMS D'OISEAUX

Dans la mythologie nordique, il existe un écureuil qui vit sur l'arbre cosmique et qui s'appelle Ratatosk. Ce petit écureuil passe toutes ses journées à faire le messager entre l'aigle sans nom qui survole l'arbre, et le serpent Nídhögg qui dévore ses racines. Sauf que ces deux-là ne s'apprécient pas beaucoup, et Ratatosk passe son temps à relayer les insultes de l'un, pour l'autre.

FASHION VICTIM

En 2010, une femelle chimpanzé d'une réserve zambienne a placé un brin d'herbe à l'intérieur de son oreille, sans raison apparente. Dans les mois qui ont suivi, tous les autres chimpanzés de la tribu se sont mis à imiter la première, alors que les chercheurs ne parvenaient toujours pas à expliquer à quoi pouvait servir ce brin d'herbe. Ce n'est que quelques années plus tard qu'ils ont compris qu'ils avaient juste été témoins du tout premier phénomène de mode observé chez les animaux.

LES PERSONNES SOUFFRANT D'UN TROUBLE IDENTITAIRE DE L'INTÉGRITÉ CORPORELLE RESSENTENT LE BESOIN DE S'AMPUTER UN OU PLUSIEURS MEMBRES SAINS.

LE RENDEZ-VOUS DE L'HISTOIRE

En 1913, Adolf Hitler, Sigmund Freud, Joseph Staline, Léon Trotsky et Tito vivaient tous dans le même quartier de Vienne, dans une zone qui ne dépassait pas les 2 km². Si ça se trouve, Hitler et Staline allaient acheter leur pain chaque matin dans la même boulangerie !

AVIS AUX COLLECTIONNEURS

Au Danemark, dans la petite commune de Billund se trouve le siège de l'entreprise Lego. Au sein du complexe, extrêmement protégé ; un coffre-fort contient un exemplaire de chaque jeu Lego jamais sorti dans le monde.

DUR À AVALER

Au début des années 1980, le biologiste australien Barry Marshall est persuadé que la bactérie *Helicobacter pylori* est la cause de la plupart des ulcères d'estomac. Malheureusement pour lui, personne ne veut croire à sa théorie et il n'arrive pas à la prouver en laboratoire. **Solution radicale : avaler une éprouvette pleine de cette bactérie. En trois jours seulement, on lui détecte un ulcère de l'estomac**, qu'il parvient ensuite à soigner à coup d'antibiotiques. Parfois, il faut souffrir pour être écouté !

NARCISSE FEAT. DÉDALE

Depuis 1979, Adrian Fisher est le spécialiste mondial des labyrinthes. Il aurait créé plus de 700 labyrinthes dans 35 pays différents. Sa spécialité ? Les labyrinthes de miroirs ! Il est d'ailleurs l'auteur de plus de la moitié des labyrinthes de miroirs dans le monde.

L'IMPORTANT, C'EST BIEN DE PARTICIPER ?

En 1950, la coupe du monde de football s'est déroulée dans le pays où ce sport est carrément une religion : le Brésil. Autant te dire qu'arrivée en finale, l'équipe brésilienne avait le poids de tout un peuple sur les épaules. Sauf qu'elle a perdu 2-1 contre l'Uruguay. Au coup de sifflet final, trois Brésiliens dans le stade sont morts d'une crise cardiaque causée par le choc et la peine, tandis que deux autres se sont carrément suicidés en sautant des gradins.

DEPUIS LE 27 JANVIER 2017, LA DISTRIBUTION DE SODAS À VOLONTÉ EST INTERDITE DANS TOUS LES LIEUX ET MANIFESTATIONS PUBLICS EN FRANCE.

RICHE MAIS MALADROIT

En 2012, le Playboy Club de Londres a tenté le record du monde du cocktail le plus cher. L'ingrédient principal de cette boisson ? Un vieux cognac « Clos de Griffier » de 1788. Juste avant l'événement, un riche homme d'affaires a déboursé près de 6000 € pour un verre de ce nectar. Malheureusement, en voulant voir de plus près la bouteille, cette dernière lui glissa des mains et voilà, **une bouteille valant 64000 € éclatée en mille morceaux sur le sol.** Un bon gros fail.

ENTRE 2010 ET 2015, LA POPULATION JAPONAISE EST PASSÉE DE 128 MILLIONS À 127 MILLIONS !

CE QUI S'APPELLE AVOIR DU NEZ

Il y a, dans l'histoire, beaucoup d'exemples de films ou de séries à succès ayant essuyé des refus avant leur lancement ; par exemple, la série ***Breaking Bad*** a été refusée par les trois plus grandes chaînes de séries américaines : HBO, Showtime et FOX. Finalement, c'est AMC qui a cru au projet. Vu son succès, les autres doivent s'en mordre les doigts !

POST-MORTEM

Le philosophe anglais Jeremy Bentham avait des souhaits très précis pour le traitement de son cadavre. Suivant son testament, l'University College de Londres expose donc depuis 1850 son squelette, vêtu de son costume habituel. **Sa tête momifiée étant régulièrement volée** par des étudiants farceurs, la vraie est enfermée à double tour dans un coffre.

RÊVE VS RÉALITÉ

Tu as toujours rêvé de conduire une voiture à plus de 2 millions d'euros, qui peut faire des pointes à 420 km/h ? Bah, sache quand même, avant d'hypothéquer ta maison pour t'offrir la nouvelle Bugatti Chiron, qu'à vitesse maximale, ses pneus ne tiendront même pas un quart d'heure. Sans compter que tu vides le réservoir d'essence toutes les 12 minutes !

ALCATRAZ 4 ÉTOILES

Durant un temps, Alcatraz était l'unique pénitencier des États-Unis à proposer des douches chaudes à ses prisonniers. La raison évoquée par la direction : s'ils étaient habitués à de l'eau bien chaude, même s'ils parvenaient à s'échapper de l'île sur laquelle se trouve la prison, les évadés ne résisteraient pas aux températures glaciales de la baie de San Francisco.

LA SOURIS SAUTERELLE EST LE PLUS DUR À CUIRE DES RONGEURS. C'est une souris carnivore qui peut se nourrir de scorpions, de scolopendres, de serpents et même d'autres souris.

Les citoyens allemands ont de la chance, ils peuvent visiter 176 pays sans avoir de visa (ou en l'obtenant une fois sur place). C'est un record. Les citoyens français peuvent visiter 173 pays selon ces mêmes conditions. Le pays tout en bas de la liste est l'Afghanistan dont les citoyens ne peuvent visiter que 24 pays sans visa.

UN SPORTIF QUI A DU CHIEN

Arthur est un chien qui a sa propre page Wikipédia. Son exploit ? Avoir suivi une équipe de coureurs suédois pendant une course de 700 kilomètres à travers la jungle amazonienne, juste parce qu'un des sportifs lui avait donné une conserve de boulettes de viande lors de la première escale. Depuis, le leader de l'équipe a fait toutes les démarches vétérinaires pour adopter et rapatrier Arthur, qui vit maintenant avec lui, en Suède.

UN LAC COMME UNE BAIGNOIRE

Le lac Loughareema, qui se trouve en Irlande du Nord, est unique en son genre. Il repose sur un sol composé de craie, une roche très poreuse. La majorité du temps, le lac est plein, car de la tourbe ou des sédiments bouchent les différents trous présents dans le sol ; mais, parfois, il arrive qu'un bouchon de tourbe se détache et le lac se vide alors en quelques minutes, jusqu'à la prochaine pluie et le prochain bouchon. Pour les curieux, ce lac se trouve très près de la côte et l'eau qui s'infiltre ainsi dans le sol finit directement dans la mer !

SÉQUENCER LE GÉNOME D'UN HUMAIN COÛTAIT 100 MILLIONS DE DOLLARS EN 2007. EN 2012, LE COÛT ÉTAIT DÉJÀ TOMBÉ À 3000 DOLLARS.

THOMAS PESQUET PETIT JOUEUR

Entre janvier 1994 et mars 1995, Valeri Polyakov a passé 438 jours consécutifs dans l'espace (à bord de la station MIR). Il détient d'ailleurs le record du plus long « vol habité » dans l'espace.

GANDHI ET SA FEMME KASTURBA se sont mariés alors qu'ils n'avaient que 13 ans. Ils sont restés ensemble pendant 60 ans, jusqu'à la mort de Kasturba.

Au Danemark, les 15 noms de famille les plus courants sont portés par plus de 33 % de la population. Le premier de la liste est « Jensen ».

LA GRANDE MURAILLE DU BÉNIN

Les murs du Bénin sont un ensemble de murailles et de fortifications reconnu aujourd'hui comme étant la plus grande structure au monde construite pas l'homme. Oui, devant la grande muraille de Chine. Ces murs, construits entre 800 et 1500, entouraient et protégeaient le royaume du Bénin (plus de 6500 km²). On estime qu'ils mesuraient plus de 16000 km. Malheureusement, la très grande majorité de cette structure a été détruite au XIXe siècle par les Anglais.

#CLUSTER

La pratique du billard, extrêmement populaire aux États-Unis à partir du XIXe siècle, a en quelque sorte contribué directement à l'invention du plastique. En effet, devant le succès de ce nouveau sport, il a fallu standardiser les boules de billard. Or, à l'époque, il n'y avait que l'ivoire qui permettait la fabrication de boules parfaites pour le billard. Sauf que c'était beaucoup trop cher et pas super éthique ! **C'est en cherchant un substitut à l'ivoire que les scientifiques ont fait des découvertes qui menèrent en définitive à l'invention du plastique.**

TI BOUK KONIK !

Si Port-au-Prince est la ville haïtienne la plus connue (car c'est la capitale), le pays possède de nombreux villages aux noms franchement originaux, comme Port-à-Piment, Pignon, Abricots, Trou-Bonbon, Fonds-des-Nègres, Grand-Boucan, Saut-d'Eau, Les Anglais, Borgne ou encore Limonade.

UN CRASH QUI COÛTE CHER !

En 2004, lors du Grand Prix de Monaco, le film *Ocean's Twelve* avait un partenariat avec l'écurie Jaguar. Les deux Formule 1 de la marque étaient ornées chacune d'un diamant d'une valeur de 300 000 $. Dès le premier tour, une des voitures percute un mur et est contrainte d'abandonner. Malgré toutes les recherches, le diamant n'a jamais été retrouvé.

Les scientifiques ignorent pourquoi, mais, en captivité, 60 % des mâles pandas ne ressentent plus aucun désir sexuel. Pour contrer ça, certains zoos ont même mis en place du « porno panda ». Oui, c'est bien ce que tu imagines : faire voir à un mâle un couple en train de s'accoupler pour tenter de lui donner envie de faire pareil. Visiblement, ça marcherait de temps en temps !

UN FAMEUX DÉFROQUÉ

Le 5 janvier 1825, Alexandre Dumas, notamment auteur du *Comte de Monte-Cristo,* s'est retrouvé à faire un duel à l'épée contre un soldat qui s'était moqué de lui. Juste avant le duel, Alexandre s'est mis à l'aise et a enlevé sa chemise et ses bretelles. C'est alors que le pantalon du malheureux s'est retrouvé sur ses chevilles. Les spectateurs présents se sont bien moqués de lui. Énervé par cet incident, il gagna facilement et très rapidement le duel. Et heureusement pour nous car, à 23 ans seulement, il n'avait encore écrit aucune de ses œuvres !

Il y a 37 millions d'années, les ancêtres des manchots empereurs d'Antarctique avaient à peu près la même carrure que le basketteur LeBron James, avec une taille dépassant les deux mètres, pour un poids estimé à 115 kilos.

LA DÉMOCRATIE À PORTÉE DE MAIN

En Inde, à chaque élection, une équipe vient installer un isoloir dans une forêt vierge et isolée du parc national de Gir, afin que Mahant Bharatdas Darshandas, un homme vivant seul à cet endroit, puisse voter. En effet, la loi l'oblige : « Tout citoyen ne doit pas avoir à marcher plus de deux kilomètres pour aller voter. »

Au Vietnam, près de 40 % de la population portent le même nom de famille : N'Guyen.

ROCK CÉLESTE

(17059) ELVIS EST LE NOM D'UN ASTÉROÏDE observé pour la première fois en 1999, nommé en l'honneur d'Elvis Presley. D'ailleurs, l'astronome qui le découvrit avait, deux jours plus tôt, baptisé un autre astéroïde : (17 058) Rocknroll. Je pense savoir quel est son type de musique préféré...

LIBÉRÉE, DÉLIVRÉE !

En Alaska, l'hôtel Aurora Ice est entièrement fait en glace. Les murs, les plafonds, et même les verres sont en glace. Ce genre d'hôtel devient de plus en plus courant dans les pays nordiques, mais la particularité de l'Aurora Ice est qu'il a dû fermer un certain temps, car les pompiers ont constaté qu'il n'y avait ni détecteurs de fumée ni extincteurs dans l'établissement.

LA PORNOGRAPHIE EST INTERDITE EN CHINE, et les peines peuvent être très lourdes. Par exemple, en 2005, le créateur du plus gros site pornographique chinois a été condamné à la prison à perpétuité.

59 SECONDES

C'est le record du pet humain le plus long, sans interruption. Ce précieux sésame est détenu par un Britannique anonyme, en costume de superhéros masqué, qui se fait appeler Mr Méthane. Je pense comprendre pourquoi il souhaite garder l'anonymat !

#BON PLAN

André-François Raffray a conclu en 1965 un deal avec Jeanne Calment, qui a alors 90 ans. Le deal est simple : André lui verse 500 francs par mois jusqu'à la fin de sa vie, en échange de quoi il héritera de l'appartement de Jeanne le jour de sa mort. Ce genre de deal s'appelle une vente en viager. Sauf qu'on parle de Jeanne Calment là, qui a tenu bon ensuite pendant 32 ans, jusqu'à ses 122 ans !! Au total, André a payé 184000 francs, le double de la valeur de l'appart... Et le pire dans tout ça, c'est qu'il a fini par mourir avant elle !

À New York, fin 2014, Aitabdel Salem, un homme condamné pour divers petits délits, a passé cinq mois en prison alors qu'il n'avait qu'à payer 2 $ de caution pour être libre. Seul problème : personne ne l'avait prévenu...

FILM FANTÔME

Le tout premier film de Jackie Chan, *Big and Little Wong Tin Bar* (1962), était considéré comme perdu, aucune copie du film n'ayant été conservée... C'est ce qu'on croyait en tout cas jusqu'au 6 mai 2016, date à laquelle le film a soudainement été entièrement uploadé sur YouTube, sans qu'on sache par qui et pourquoi.

LA THÉORIE DES CORDES

La théorie des cordes est une théorie en science physique qui explique l'existence et le comportement de la matière par les vibrations de « cordes » microscopiques à l'intérieur des atomes. Mais cette théorie a un gros problème, elle ne peut pas être prouvée, car les « cordes » qu'elle décrit sont si petites qu'elles ne seront jamais observables. Pour te donner une idée, le rapport de taille entre une « corde » et une molécule d'hydrogène est le même que celui entre l'épaisseur d'un cheveu humain et la Voie lactée.

JUSTE BEURK

Quand un crapaud avale sa proie, il cligne des yeux. Cela a pour effet de pousser ses globes oculaires vers l'arrière, et donc la nourriture vers le gosier. Sachant que j'ai la phobie des crapauds, écrire cette info est une véritable torture.

UNE ASSURANCE-VIE EN CARTES POSTALES

Pendant les différentes missions Apollo, le gouvernement américain avait interdit à la Nasa de financer des assurances vie à ses astronautes. Ces derniers avaient le choix de prendre une assurance vie privée, mais vu les risques encourus, le coût était bien trop élevé pour leurs salaires de l'époque. Les astronautes des missions Apollo 11 à Apollo 16 ont donc eu une idée géniale : signer des centaines de cartes postales officielles de la Nasa. Dans le cas où ils ne reviendraient pas de leur mission, leurs familles auraient ainsi pu vendre ces objets collectors une fortune à quelques collectionneurs morbides.

LA 12,7 EST UNE MITRAILLEUSE CAPABLE, EN THÉORIE, DE TIRER 1000 COUPS PAR MINUTE. Néanmoins, la chaleur dégagée par les tirs nécessite des pauses régulières entre les rafales afin d'éviter que le canon ne se déforme.

SERIAL WRITER

Plus de 70 personnages passent l'arme à gauche dans les œuvres de William Shakespeare ; autant dire que le poète était particulièrement inventif quand il fallait trouver une cause de décès. Si beaucoup ont été poignardés, certains de ses personnages sont morts de chagrin, mordus par un serpent, attaqués par une foule ou tout simplement empoisonnés.

RECORDS À LA CON

L'hippopotomonstrosesquippedaliophobie est la peur des mots qui contiennent trop de syllabes. Eh oui, le terme a été inventé par des gros farceurs ! Autre fait insolite sur ce terme, c'est le mot de la langue française qui contient le plus de fois la même voyelle, à savoir sept « o ». Côté consonnes, la Palme d'Or revient à « (que nous) ressassassions », du verbe ressasser, avec sept « s ».

LA TOUTE PREMIÈRE MACHINE À COUDRE DE L'HISTOIRE FUT INVENTÉE EN FRANCE EN 1830 PAR LE TAILLEUR BARTHÉLEMY THIMONNIER.

Sauf que ce dernier a failli mourir à cause de son invention : des travailleurs textiles, furieux et inquiets à l'idée que cette invention ne finisse par les mettre au chômage, ont détruit son atelier.

L'EXTRATERRESTRE MARIN

Certaines pieuvres possèdent trois cœurs : un principal et deux plus petits qu'on appelle « branchiaux ». Mais ce n'est pas tout : leur sang n'est pas rouge, mais bleu.

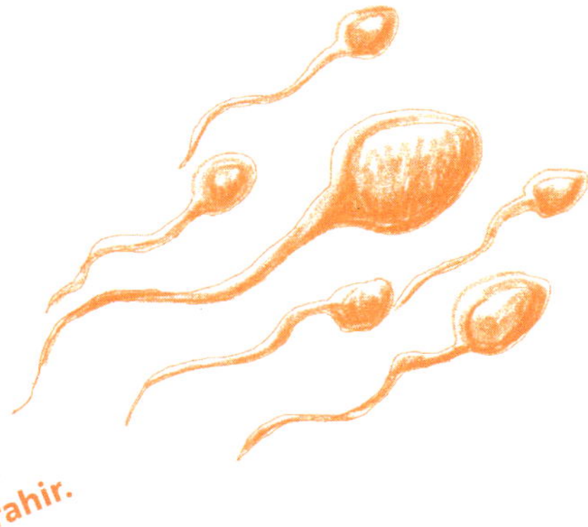

À UNE ÉPOQUE, LES ESPIONS BRITANNIQUES UTILISAIENT DU SPERME COMME ENCRE INVISIBLE POUR FAIRE PASSER DES MESSAGES. Mais ils ont finalement arrêté après s'être rendu compte que l'odeur pouvait facilement les trahir.

#ÉTYMOLOGIE

Le nom du jaguar vient du mot amérindien *« yaguar »*, qui signifie « celui qui tue d'un bond » !

SACRÉS BELGES !

Jusqu'au début des années 1980, de **la bière était servie dans les cantines scolaires en Belgique.** Généralement, il s'agissait de la bière « Piedbœuf » (1,2 % d'alcool), considérée par beaucoup comme moins néfaste pour les enfants que du soda.

PROHIBITION

Le *pulque* est une vieille boisson alcoolisée faite à partir d'agave (comme la tequila). C'était la boisson sacrée de beaucoup de peuples précolombiens comme les Mayas ou les Aztèques. Sa consommation était très réglementée et réservée uniquement aux événements spéciaux et à certains privilégiés (nobles, guerriers, etc.). Si quelqu'un se faisait surprendre avec cette boisson, la punition pouvait varier de la tonte de cheveux, afin d'humilier la personne, à la peine de mort, afin de… bah, de tuer la personne.

Agave

MOBILISATION PACIFIQUE MONSTRE

Le 15 février 2003, des centaines de villes autour du globe ont été le théâtre de manifestations contre la guerre en Irak. C'est à Rome que la plus impressionnante a eu lieu. On estime qu'environ 3 millions de personnes étaient dans les rues de la capitale italienne. D'ailleurs, cette manifestation est listée dans le *Livre Guinness des records* de 2004 comme étant la plus grande manifestation antiguerre de l'histoire.

Le roman **Frankenstein** (de son titre complet, **Frankenstein ou le Prométhée moderne**) date de 1818 et a été écrit par une femme : l'auteur britannique Mary Shelley.

ENTORSE AU CERVEAU

Contrairement à une idée répandue, l'année-lumière est une unité de distance et non de temps. Elle correspond à la distance parcourue par la lumière dans le vide en un an, et équivaut à environ 10 000 000 000 000 km (10 000 milliards), soit environ 25 millions de fois la distance Terre-Lune. Si tu marches à une vitesse de 3 km/h, il te faudra environ 360 millions d'années pour parcourir cette distance, sans compter les pauses pipi.

DU MIEL DE VILLE

De plus en plus de villes accueillent des ruches, notamment sur les toits. En règle générale, le miel de ville est moins pollué par les produits phytosanitaires et autres pesticides que le miel de campagne. Par contre, on y retrouve plus d'hydrocarbures (gaz d'échappement oblige !)... En 2015, à Paris, il y avait déjà plus de 700 ruches !

ENVIRON 80 % DES HONGKONGAIS UTILISENT DE L'EAU DE MER POUR TIRER LA CHASSE. Cette pratique existe dans beaucoup de petits pays insulaires comme Nauru, les Kiribati ou encore les îles Marshall.

WANTED BOEING 727

Le soir du 25 mai 2003, deux hommes sont montés à bord d'un Boeing 727 de la compagnie Airangol à l'aéroport de Luanda, la capitale de l'Angola. Seul l'un d'entre eux avait un diplôme de pilote, mais n'avait piloté que des petits avions. Le Boeing finit par décoller sans autorisation et disparaît dans la nuit. **Personne n'en a plus jamais entendu parler.**

COLD CASE

L'enquête concernant la seule évasion réussie de la prison de haute sécurité d'Alcatraz est encore en cours. Pour rappel, cette évasion a eu lieu en 1962, c'est vieux. On pense que les trois évadés sont morts noyés, mais comme on n'a jamais retrouvé leurs corps, l'affaire n'est toujours pas close…

#FALSIFICATION

Entre 1918 et 1919, l'épidémie de grippe espagnole a fait jusqu'à 100 millions de morts. C'est cinq fois plus que les pertes humaines causées par la Première Guerre mondiale. Mais pourquoi parle-t-on de grippe « espagnole » ? En fait, contrairement à la France, l'Allemagne ou encore l'Angleterre, l'Espagne a été le seul pays à ne pas falsifier les chiffres et minimiser le nombre de victimes de la maladie.

À CAUSE D'UN DÉSÉQUILIBRE DANS LES GENRES, D'ICI À 2020, CE SONT PLUS DE 24 MILLIONS DE CHINOIS QUI SERONT TOUT SIMPLEMENT DANS L'IMPOSSIBILITÉ DE TROUVER UNE ÉPOUSE, CHINOISE EN TOUT CAS.

SUPER TONTON

En 2001, l'oncle d'un garçon appelé Jessie Arbogast a réalisé l'incroyable pour sauver son neveu, attaqué par un requin marteau. Après avoir sauvé Jessie, qui avait perdu son bras dans la bataille, son oncle a replongé vers le requin pour récupérer le membre arraché de son neveu. Grâce à une puissance incroyable, l'homme est parvenu à maîtriser l'animal, puis à le faire s'échouer sur la plage, où un ranger l'a achevé d'une balle. Le bras a été extirpé du gosier du requin, et miraculeusement, les chirurgiens ont même réussi à le rattacher à son propriétaire.

LE SAV ANTIQUE

La plus vieille plainte écrite par une personne mécontente d'un service commercial aurait près de 4 000 ans. Il s'agit d'une tablette d'argile babylonienne rédigée par un certain Nanni, visiblement furieux du cuivre qu'il s'est fait livré par Ea-Nasir. Mauvaise qualité, retard de livraison, l'ancêtre du service après-vente quoi !

ATTRAPE-MOI SI TU PEUX

Le terme « sniper » vient à la base d'un petit oiseau : la bécassine. Le nom anglais de cet oiseau est « *snipe* ». Le terme « sniper » s'inspire de la difficulté à chasser cet oiseau vif au vol en zigzag : le sniper serait donc littéralement le « chasseur de bécassine ».

Le tout premier appel effectué depuis un téléphone portable date du 3 avril 1973 et provient de l'ingénieur Martin Cooper, qui a téléphoné à un de ses rivaux pour lui annoncer l'événement, et bien se la péter au passage !

EN 2008, ON ESTIMAIT À 80 % LES COMMERCES SICILIENS ENCORE FORCÉS DE PAYER UN POT-DE-VIN À LA MAFIA.

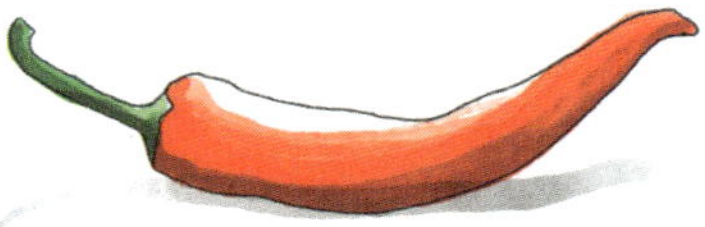

SUR L'ÉCHELLE DE SCOVILLE

L'échelle de Scoville classifie le piquant des piments en étudiant leur teneur en capsaïcine : 0 pour le poivron, jusqu'à 500 pour le paprika et plus de 2 000 000 pour le Carolina Reaper, le piment le plus fort du monde. Les bombes d'autodéfense, elles, peuvent contenir de la capsaïcine et sont classées à plus de 3 000 000 unités Scoville.

TOUT LE SAVOIR DU MONDE

Au début du XXe siècle, deux Belges, Henri La Fontaine et Paul Otlet, ont fondé le Mundaneum, un centre d'archives gigantesque. Leur but était de recueillir dans ce bâtiment l'intégralité des publications humaines (livres, magazines, affiches, etc.) et de résumer ainsi tout le savoir du monde. Malheureusement, avec la Seconde Guerre mondiale et le décès des deux hommes, le projet, déjà bien avancé, ne s'est jamais complètement concrétisé. Depuis, le Mundaneum est largement considéré comme l'ancêtre de Wikipédia ou de Google.

VIEILLE LOI-1

En 2015, le gouvernement japonais a enfin abrogé une loi vieille de 67 ans, qui interdisait aux citoyens de danser après minuit. Je te rassure, ça faisait déjà un moment que la loi n'était plus appliquée.

VIEILLE LOI-2

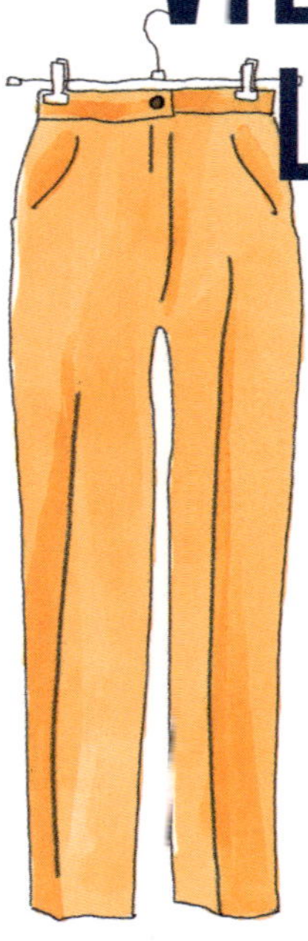

Dans le même esprit, en 2012, une loi française vieille de 212 ans a enfin été abrogée : promulguée en 1800, elle interdisait aux Parisiennes de sortir dans un lieu public en pantalon. Comme pour la loi japonaise, elle n'était bien évidemment plus appliquée depuis belle lurette !

DANGER

Les mâles ornithorynques ont sur leurs pattes postérieures un petit aiguillon qui peut injecter du venin. C'est pour ça qu'il est déconseillé de s'approcher de cet animal. Ce venin peut facilement paralyser un membre humain, voire tuer un petit animal.

Chaque année, le dernier dimanche de novembre, un banquet est organisé dans la petite ville de Lopburi, en Thaïlande, en l'honneur de la population de singes qui y vit. En effet, ces centaines de petits primates sont l'attraction principale de la ville et amènent beaucoup de touristes. Il faut bien les remercier de faire tourner les business du coin !

MUSÉE GLAUQUE

En 1892, Cesare Lombroso, professeur de médecine légale, ouvre un musée d'anthropologie criminelle à Turin. Il y recense des crânes et squelettes de dizaines de criminels à travers le monde, persuadé que les délinquants sont reconnaissables, car physiquement plus proches des animaux que les autres. Ce musée existe encore et le clou de la visite est la tête de Lombroso lui-même, soigneusement embaumée, flottant dans un bocal en verre.

UNE HÉRÉDITÉ CHARGÉE

Les parents de Charlemagne avaient des surnoms particuliers : Berthe au grand pied et surtout Pépin le Bref, ce célèbre roi des Francs qui doit son nom à sa petite taille.

LE SYNDROME D'ANTON-BABINSKI est un cas très rare de dommages cérébraux suite à une commotion ou un AVC, qui rend les personnes qui en souffrent aveugles. Mais le truc vraiment dingue, c'est que les malades ne se rendent pas compte qu'ils ont perdu la vue et affirment même le contraire.

PREUM'S !

Il semblerait que dans l'histoire de la vie, les premiers mammifères soient apparus avant les premières fleurs.

HOT SPOT !

On le sait, les sportifs peuvent être chauds. Aux Jeux olympiques d'été de Sydney en 2000, l'organisation avait prévu un stock de 70 000 préservatifs pour le village olympique qui accueillait un peu plus de 10 000 athlètes pour les deux semaines de compétition. Mais le village était dans une ambiance si torride qu'il a fallu repasser en urgence une commande de 20 000 préservatifs supplémentaires. Depuis, le record de neuf préservatifs par athlète a explosé avec les Jeux olympiques d'été de Rio en 2016, où le chiffre est monté à 450 000, soit 40 par sportif. Quarante, en 17 jours. C'est beaucoup.

LE GROUPE DE ROCK IRLANDAIS U2 tire son nom d'un avion-espion de l'armée américaine abattu par les Russes quelques jours avant la naissance du chanteur, Bono.

LE KARMA EST LIÉ À UNE BONNE ACTION

En 1944, pendant la guerre du Pacifique, plusieurs avions américains s'écrasent sur l'île japonaise de Chichi-jima. Sur les neuf survivants, huit se font capturer, exécuter et pour certains en partie manger par les soldats et officiers japonais. Un seul américain parvient à échapper au carnage, il a 20 ans, et s'appelle George Herbet Walker Bush. Quarante-cinq ans plus tard, il deviendra le 41e président des États-Unis.

LE SENS DE LA FORMULE

14 JUILLET 1789. RÉVOLUTION FRANÇAISE. Symbole du pays. Au même moment, à Versailles, le roi Louis XVI indiquait dans son journal intime le mot « RIEN ». Pour lui, il ne s'était rien passé ce jour-là, et c'est en fait normal : ce n'était pas son journal intime, mais son journal de chasse. Ce matin-là, il était juste rentré bredouille de la chasse. Pour l'anecdote, lorsque le roi apprend les nouvelles de la bouche du duc de La Rochefoucauld, il lui demanda : « C'est une révolte ? », sur quoi le duc lui répondit : « Non, sire, c'est une révolution. »

LE GROUPE DE MUSIQUE AEROSMITH A GAGNÉ PLUS D'ARGENT grâce à ses droits d'auteur sur les jeux *Guitar Hero* que grâce aux ventes de ses albums.

GEMME LES DIAMANTS !

Aux États-Unis, dans l'état de l'Arkansas, il existe un parc national unique au monde. Il s'agit de la seule mine de diamants ouverte au public. En plus, les visiteurs du jour peuvent repartir avec toutes les gemmes qu'ils pourront trouver ! Depuis son ouverture au public en 1972, plus de 30 000 diamants ont été découverts.

LE PROST DE ROME

Gaius Appuleius Diocles est l'un des athlètes romains les plus célèbres de l'histoire. Il est considéré comme le plus grand conducteur de char et aurait gagné dans sa carrière près de 36 millions de sesterces, de quo nourrir Rome pendant un an.

ON NE CRITIQUE PAS LA FAMILLE

Maha Vajiralongkorn Bodindradebayavarangkun est le roi actuel de Thaïlande. Rien que son nom est un fait insolite en soi, mais je veux te parler de son premier divorce. En 1993, il attaque en justice sa femme pour se séparer d'elle car il lui reproche d'être entièrement responsable de l'échec de leur mariage. Sauf qu'en Thaïlande, accuser ou menacer un membre de la famille royale est un crime de lèse-majesté. Sa femme n'a donc pas pu se défendre et a perdu le procès.

EN 1944, WILLIAM PATRICK HITLER, LE NEVEU D'ADOLF HITLER, EST PARVENU À SE FAIRE ACCEPTER DANS L'US NAVY pour servir les États-Unis contre son oncle. Les réunions de famille ne devaient pas être très joyeuses…

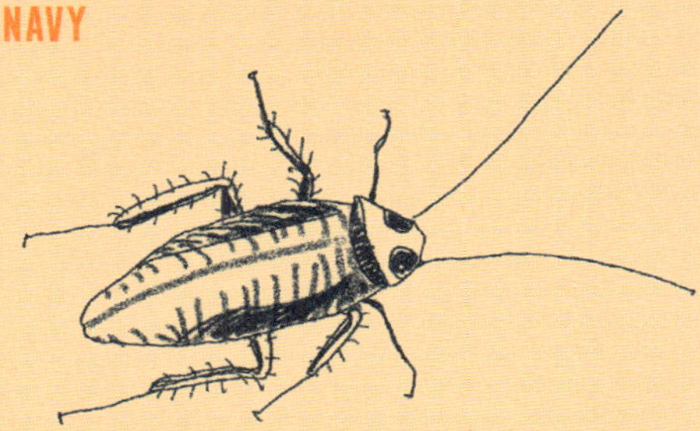

LE CAFARD SOLITAIRE
Tu penses voir des cafards à chaque coin de rue ? Dis-toi que sur les (environ) 4600 espèces de blattes identifiées dans le monde, seule une trentaine aime vivre aux côtés des humains.

UN ÉCOSYSTÈME UNIQUE AU MONDE !

L'île de Madagascar s'est séparée du sous-continent indien il y a plus de 88 millions d'années. Du coup, la faune et la flore sont complètement isolées depuis ! On estime d'ailleurs que 90 % des espèces vivantes de Madagascar sont endémiques. Ça veut dire qu'on ne peut les trouver nulle part ailleurs sur Terre.

UN POINT C'EST TOUT

En anglais, le point sur la lettre « i » s'appelle « *tittle* ». Il n'a pas d'équivalent en français (à part « le point sur le i », mais c'est moins classe).

COMPLÈTEMENT MABOUL LE PRÉSIDENT !

En 1920, on a perdu la trace du président de la République française pendant plus de sept heures. Paul Deschanel, président à l'époque, voyage dans un train de nuit en compagnie de toute sa délégation quand, pris de somnambulisme, il tombe par la fenêtre. Ce n'est que sept heures plus tard, une fois au terminus, que l'on se rend compte de sa disparition. Heureusement, il n'est que très légèrement blessé et est conduit à la gendarmerie par un cheminot qui passait par là. Plus de peur que de mal pour ce président très « spécial », qui ne reste au pouvoir que sept petits mois.

MARKETING D'ASSOIFFÉ

Coca-Cola est propriétaire de tellement de marques de boissons, qui elles-mêmes ont tellement de variétés différentes, que si tu voulais en goûter une nouvelle chaque jour, tu en aurais pour neuf ans.

DES MILLIARDS SUR UNE PETITE CUILLÈRE

Il y a plus d'organismes vivants dans une cuillère à café de terreau bien frais que de personnes sur Terre. Vas-y, prends une petite cuillère et relativise un peu sur la vie !

DU CACA EN CUBES

Le wombat est un marsupial qui vit en Australie. Pour marquer son territoire, contrairement aux chiens par exemple, il ne se sert pas de son urine, mais de ses matières fécales. Il les dispose un peu partout autour de son terrier, sur des rochers ou des troncs d'arbre. Et pour être sûr que ces petites crottes ne roulent pas, elles sont de forme rectangulaire. Oui, c'est le seul animal au monde à produire naturellement des cubes de caca. Et je te vois déjà taper une requête bien chelou dans Google Images !

EN CORÉE DU SUD, AVOIR BEAUCOUP D'INVITÉS À SON MARIAGE EST TELLEMENT IMPORTANT, socialement parlant, qu'il existe des agences pouvant fournir de « faux invités » au besoin.

PRINCESSE LEIA AU PAYS DES TACOS

La coiffure emblématique de la princesse Leia dans *Star Wars* est inspirée de celles des femmes combattantes de la révolution mexicaine de 1910-1920. D'ailleurs, George Lucas dit s'être directement basé sur une figure héroïque de cette révolution : Clara de la Rocha qui, comme par hasard, arbore fièrement la fameuse coupe de cheveux sur les différentes photos qu'on a d'elle !

Si tu multiplies 111 111 111 par lui-même, tu obtiens ce résultat magique : 12 345 678 987 654 321.

UNE PLANÈTE PLUTON PETITE

La Russie ne pourrait pas tenir sur Pluton. En effet, la superficie du plus grand pays sur Terre est de 17 098 322 km², tandis que la surface entière de Pluton n'excède pas les 16 647 940 km².

MAUVAIS CALCUL

En 2009, **Dave Carroll** est dans un avion de la compagnie United Airlines et attend patiemment le décollage quand, par le hublot, il constate avec effroi que plusieurs bagages sont violemment manipulés par les hommes au sol et notamment l'étui de sa guitare à 3 500 $. Arrivé à destination, il se rend compte que cette dernière est complètement détruite. Il demande alors réparation à la compagnie qui lui rigole à la figure. Pas de problème pour Dave, qui écrit alors une chanson et la poste sur YouTube. C'est directement le buzz. Quelques jours après l'histoire, l'action de United Airlines est en chute libre. **On estime que les actionnaires de la société ont perdu pendant ce laps de temps environ 180 millions de dollars.** C'était pourtant si simple de juste le rembourser...

PROHIBITION

Depuis le 1er novembre 2014, la Lituanie est le seul pays de l'Union européenne à avoir banni pour les mineurs toute boisson énergisante à base de caféine et de taurine. L'amende en cas d'infraction est de 116 €, soit un tiers du salaire minimum !

LE TOUT PREMIER LIVRE CONTENANT DES PHOTOGRAPHIES date de 1843, s'appelle *Photographs of British Algae*, et recense une bonne partie des espèces d'algues trouvables au Royaume-Uni.

BELLE TRANSITION ÉNERGÉTIQUE !

Aux Pays-Bas, il y a des centaines de moulins toujours en activité. De nos jours, ils sont pour la plupart utilisés pour produire de l'électricité, à la manière d'éoliennes. D'ailleurs, depuis janvier 2017, ils produisent tellement d'énergie que 100 % des trains électriques du pays sont alimentés par ces moulins.

Z

Antonio Banderas, pour son rôle de Zorro, a passé quatre mois à s'entraîner avec l'équipe d'escrime espagnole pour perfectionner son maniement de l'épée.

AMBIANCE

Masabumi Hosono est le seul passager japonais à bord du Titanic a avoir survécu au naufrage. De retour au Japon, il a perdu son travail et sa reconnaissance sociale. En effet, là-bas, il était très mal vu de survivre à une catastrophe, et on lui a reproché de ne pas être mort dignement aux côtés des autres passagers.

UN DICTATEUR OPHTALMO

Avant d'être à la tête de la Syrie, Bachar el-Assad a été quelque temps ophtalmologue dans un hôpital londonien. C'est d'ailleurs là-bas qu'il rencontra sa femme, Asma el-Assad.

CAFÉINE ADDICT

C'est en Finlande, en Norvège et aux Pays-Bas que l'on consomme le plus de café par habitant.

DES FOURMIS DE CIRQUE

Pour les besoins d'une expérience, des scientifiques ont attaché des mini-échasses aux six pattes de fourmis ; leur objectif était de prouver que ces dernières retrouvaient le chemin de la fourmilière en comptant leurs pas (en complément d'autres méthodes comme les phéromones). En effet, avec les échasses, les pas sont plus grands et les fourmis allaient à chaque fois trop loin : hypothèse validée !

FRUIT DE LUXE

Dans les années 1700, l'ananas, bien qu'originaire d'Amérique, était très rare dans les colonies du Nouveau Monde. D'ailleurs, la majorité des ananas consommés en Amérique continentale provenaient des Caraïbes. Ce mets de luxe pouvait coûter jusqu'à 8 000 € pièce ! Et les gens riches pouvaient même louer des ananas. Non pas pour les consommer, mais pour « arborer » leur richesse devant des invités.

LES VILLAGES DE L'OMBRE

Les villages de Rjukan en Norvège et Viganella en Italie ont un point commun : ils sont ancrés dans des vallées si profondes que, durant une période de quelques jours chaque année, ils ne reçoivent pas directement la lumière du soleil. Les deux villages ont donc opté pour la même solution : installer des héliostats sur les hauteurs. Un héliostat est une espèce de grand miroir qui suit la course du soleil et reflète ses rayons à un endroit donné.

La Belgique produit plus de 220 000 tonnes de chocolat par an, soit environ 22 kilos par habitant. Mais pas d'inquiétude pour le foie des Belges : une grosse partie de la production est destinée à l'export ! D'ailleurs, l'aéroport de Bruxelles est l'endroit sur Terre où se vend le plus de chocolat.

LES VIEUX DRAPEAUX ONT LA COTE

À Ottawa, au Canada, sur la colline du Parlement, flottent en permanence cinq drapeaux. Un de ces drapeaux est changé tous les jours et remplacé par un neuf. N'importe quel citoyen canadien a le droit de recevoir un de ces drapeaux « usés ». Pour cela, il suffit d'en faire la requête sur un site Internet, et c'est tout ! Bon, par contre, la liste d'attente est longue de 54 ans, donc patience !

DES CROIX GAMMÉES VUES DU CIEL

Dans le nord-est de l'Allemagne, à plusieurs endroits, des arbres forment un parfait *svastika*. Visiblement, des gens ont planté différentes essences d'arbres avec cette forme dans les années 1930, en l'honneur de l'arrivée au pouvoir du nazisme. Le plus fou, c'est que ces endroits n'ont été découverts que dans les années 1990, pour plusieurs raisons : déjà, les feuilles des arbres ne changent de couleurs que pendant quelques semaines dans l'année, mais surtout, les petits avions susceptibles de remarquer ces endroits n'avaient pas l'autorisation de survoler ces zones pendant la période communiste.

LA PESTE OU LE CHOLÉRA ?

Péter dans un bocal, y confiner le gaz pendant quelques jours puis en inspirer l'intérieur était un remède (totalement inefficace) utilisé au Moyen Âge pour lutter contre la peste bubonique.

L'UNITÉ DE MESURE QUI FAIT FLIPPER

Le micromort, ça te dit quelque chose ? C'est une unité de mesure scientifique qui cherche à déterminer le risque de mourir en faisant telle ou telle activité. Un micromort, c'est une chance sur un million de mourir. Faire un marathon ? 7 micromorts ! Du saut en parachute ? 10 micromorts ! Bon, 10 micromorts, ça va, le risque reste faible, par contre si tu te lances dans l'ascension du mont Everest, là tu tapes dans les 40 000 micromorts !

Avec plus de 200 musées pour 8 millions d'habitants, Israël est le pays qui comporte le plus de musées par rapport à son nombre d'habitants.

DES RÉFRIGÉRATEURS INVERSÉS

Certains Inuits ont des réfrigérateurs. Non pas pour refroidir, mais pour garder leur nourriture à une température convenable ! De la nourriture laissée à l'air libre dans un environnement polaire risque de souffrir de brûlures de congélation, la rendant impropre à la consommation.

LE VILLAGE D'ASTÉRIX EN SUISSE

Büsingen am Hochrhein est une petite ville allemande de 1450 habitants qui a la particularité de se trouver entièrement enclavée dans le territoire suisse.

CONTRAIREMENT À CE QUE LE MYTHE LAISSE PERSER,
LES ÉLÉPHANTS NE SONT PAS PARTICULIÈREMENT FRIANDS DE CACAHUÈTES.

APPRENTI SORCIER

Parfois, pour survivre à une maladie mortelle, il faut s'inoculer une autre maladie mortelle ! Avant le développement de la pénicilline, c'est ce que faisait Julius Wagner-Jauregg pour traiter la syphilis. Il infectait ses patients de la malaria, et la violente fièvre qui s'ensuivait permettait d'éliminer la bactérie responsable de la syphilis. Bon, ensuite, il fallait guérir la malaria, mais ça on maîtrisait déjà un peu mieux que la syphilis à l'époque !

UN « ROI DE RATS » EST UN ENSEMBLE DE PLUSIEURS RATS DONT LES QUEUES SONT SOUDÉES LES UNES AUX AUTRES EN UN NŒUD INEXTRICABLE.
Les zoologistes n'arrivent pour l'instant pas à expliquer ce phénomène extrêmement rare. Seuls 25 cas ont été recensés en Europe !

LECTURE DE GEEK

Le tout premier livre vendu par Amazon s'appelle *Fluid Concepts and Creative Analogies: Computer Models of the Fundamental Mechanisms of Thought* (ne me demande pas de traduire, je n'ai rien compris !). Il a été vendu en juillet 1995 et, sur le campus d'Amazon, un bâtiment porte même le nom du premier acheteur, en l'honneur de cette vente.

N'IMPORTE QUEL CITOYEN AMÉRICAIN PEUT FAIRE UNE DEMANDE ÉCRITE AU FBI AFIN DE CONSULTER SON DOSSIER PERSONNEL.

TRISTE RECORD

Le 1er juillet 1916, pendant la bataille de la Somme, les Alliés ont fait exploser d'un coup plus de 27 tonnes de TNT. L'explosion a creusé un cratère de 91 mètres de diamètre (la longueur d'un terrain de foot), et de 20 mètres de profondeur. Mais, surtout, le bruit de la détonation a été entendu jusqu'à Londres, à plus de 200 km de distance. À l'époque, c'était le record historique du plus grand bruit d'origine humaine.

Les gamers, qui jouent aux jeux vidéo régulièrement, ont deux fois plus de chance de faire des rêves lucides au moins une fois dans leur vie. Les rêves lucides sont ceux dont on a le contrôle, conscients d'être dans un rêve.

7 À LA MAISON

L'adoption de bébés orphelins est quelque chose de courant dans les familles d'écureuils.

SOURIEZ, VOUS ÊTES FILMÉS !

Lors d'une interview, en 2016, le patron du FBI, James Comey, a recommandé au plus grand nombre de mettre un morceau de scotch sur leur webcam, histoire de se protéger de potentiels hackers.

LE POISSON QUI AVAIT LA TÊTE DANS LE CUL

Il y a quelques années, un petit poisson portant le doux nom de *Phallostethus cuulong* a été découvert au Vietnam. Sa particularité, c'est que son appareil génital se trouve sur sa tête. Enfin, juste en dessous, plus précisément. Le mâle et la femelle s'accouplent donc en se frottant la tête. Plutôt bizarre, non ? Mais ce n'est pas tout ! Chez ces poissons, rien ne se fait par l'arrière du corps. En plus d'avoir un zizi sous la tête, monsieur poisson a également son anus juste à côté !

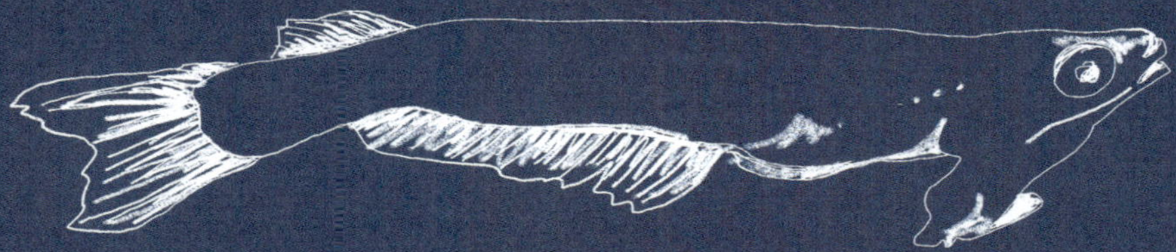

GLAUQUE

Le Suisse Tim Steiner possède un tatouage sur tout le dos, véritable œuvre d'art qu'il a vendu aux enchères 205 000 $. À sa mort, Tim aura son dos dépecé, et la peau tatouée sera encadrée et envoyée à son nouveau propriétaire.

LE BAR BAOBABACOOL

En Afrique du Sud se trouve l'un des plus gros baobabs du monde. Ses propriétaires ont décidé d'en profiter en le transformant en attraction touristique. Pour ce faire, ils ont creusé à l'intérieur du tronc et y ont installé… un bar, avec barman, cocktails, etc. Rassure-toi, l'arbre le vit très bien et fleurit encore chaque année !

PLUS D'ANNÉES SE SONT ÉCOULÉES ENTRE LA CONSTRUCTION DE LA GRANDE PYRAMIDE DE GIZEH ET LA NAISSANCE DE CLÉOPÂTRE QU'ENTRE CETTE MÊME NAISSANCE ET L'INVENTION DE L'IPHONE.

SYMPAS LES STATISTIQUES

80 % des crashs aériens se passent pendant les 3 premières minutes ou les 8 dernières minutes du vol. C'est effrayant, mais ça reste quand même le moyen de transport le plus sûr du monde. On compte 1 crash tous les 1,52 million de vols et environ 600 morts par an – ce qui correspond à 3 morts par an et par pays.

COROS

Certains coraux ont une composition si proche des os humains que les médecins les utilisent aujourd'hui pour réparer des fractures osseuses.

GOOGLE OU L'ART DE LA NEUTRALITÉ

Lorsque deux pays se disputent sur la position réelle de leur frontière, Google Map ne se mouille pas. Si tu consultes le site depuis l'un ou l'autre pays, tu verras la frontière telle que la revendique le pays dans lequel tu te trouves. Si tu te connectes depuis un pays extérieur, tu verras la frontière apparaître en pointillé. C'est par exemple le cas pour le triangle de Hala'ib, revendiqué à la fois par l'Égypte et le Soudan.

DINGUE

De nos jours, l'humanité génère toutes les 48 heures autant de nouvelles données que tout ce qu'elle avait pu générer pendant les deux derniers millénaires.

UN LAMA CHIEN DE BERGER

Certains éleveurs américains de petit bétail (moutons, chèvres, etc.) ont pris l'habitude de se doter d'un lama afin de protéger le troupeau. Il a été prouvé que les lamas savent bien se défendre face aux prédateurs, en faisant beaucoup de bruit et en n'hésitant pas à foncer dessus !

N'EN JETEZ PLUS !

L'université d'Harvard reçoit tellement d'argent de riches philanthropes à la recherche de réduction d'impôts que l'établissement est l'université la plus riche du monde, avec une dotation de 36 milliards de dollars (soit plus que les PIB de l'Islande et du Honduras combinés). Même si les frais d'inscription étaient complètement gratuits, Harvard serait bénéficiaire chaque année.

PAYE TON BAPTÊME DE L'AIR !

Dans quelques villages indiens, il existe un rituel vieux de plusieurs centaines d'années qui consiste à laisser tomber des jeunes enfants depuis le toit d'un temple. Au sol, un drap est tendu pour les rattraper. Ce rituel est censé apporter force et longue vie à ce bébé. Je n'ai trouvé aucune trace d'accident recensé pendant cette cérémonie.

BIG E.T. IS WATCHING YOU !

Selon l'hypothèse dite « du zoo », une théorie émise par plusieurs astronomes, **les extraterrestres existeraient et seraient scientifiquement avancés, au point d'observer la Terre** à distance sans intervenir, à la manière de scientifiques qui étudient des animaux sauvages à distance.

L'océan contient suffisamment d'uranium pour assurer, par fusion nucléaire, toute l'énergie mondiale à son niveau actuel pendant plus de 10 000 ans.

DÉFENSE DES BOIS

En 2016, une étude a prouvé que certains arbres savent si un cerf est en train de grignoter leurs branches. Ils peuvent en effet détecter la salive des cerfs et réagir en conséquence. Leur stratégie est simple et efficace : l'arbre se met à produire un excès d'acide, ses bourgeons deviennent ainsi terriblement dégoûtants pour le cerf qui va vite se détourner de l'arbre. Ma question est tout aussi simple : pourquoi l'arbre ne produit pas cet excès en permanence pour ne jamais avoir ce problème ?

FBI COCORICO

Le 26 juillet 1908, le « *Bureau of Investigation* » est créé par Charles Joseph Bonaparte. Oui, l'organisation qui deviendra plus tard le FBI a été créée par le petit-neveu de Napoléon Ier !

CE QUI S'APPELLE DONNER SON CORPS À LA SCIENCE

Pour analyser cliniquement les dangers de la cocaïne sur le corps humain, le proctologue Edwin Katskee s'est administré le 25 novembre 1936 une énorme dose de cocaïne dans le corps. Il a ensuite passé les heures suivantes à noter sur le mur de son bureau les effets, au fur et à mesure qu'il les ressentait. Au début, tout va bien, sa vision est excellente et il se sent bien, mais l'écriture devient progressivement illisible. Son dernier mot, avant de décéder, semble être « paralysé ». Au moins, il aura prouvé que la cocaïne, c'est dangereux !

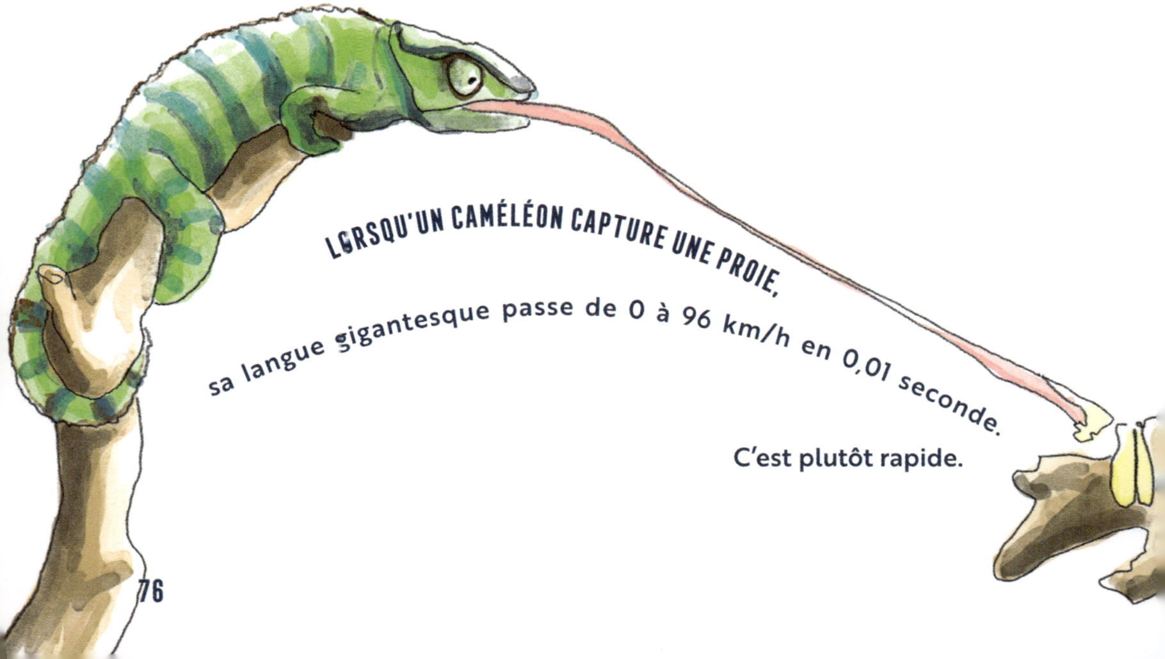

À Venise, les gondoles sont noires. Elles ne peuvent pas être peintes d'une autre couleur, c'est la loi.

CANNES PARTY REMISE

Le 1er septembre 1939 est le jour de l'ouverture de la toute première édition du Festival de Cannes. Malheureusement, c'est aussi la date de l'invasion de la Pologne par les forces allemandes. Le festival est annulé sur-le-champ et la première vraie édition se déroule du 20 septembre au 5 octobre 1946.

Plus de 70 % des trajets en train en Angleterre ont pour départ ou terminus la ville de Londres.

SPOIL ULTIME

Dans le film *Inception,* Leonardo DiCaprio est bien dans la réalité à la fin. Il suffit de regarder son annulaire gauche, dénué de son alliance, qu'il porte pourtant systématiquement dans ses rêves.

LE TUMULUS DE NEWGRANGE, EN IRLANDE, a été construit plus de 600 ans avant les pyramides de Gizeh (il y a donc plus de 5000 ans !). À l'époque, il accueillait sans doute des rites religieux. Le plus remarquable dans sa construction, c'est que le jour du solstice d'hiver, la lumière du soleil pénètre parfaitement au fond du tumulus, à travers une ouverture.

UN BON *BADASS*

Adrian Carton de Wiart, un officier britannique, servit pendant la seconde guerre des Boers en Afrique du Sud (1899-1902), puis pendant la Première Guerre mondiale (1914-1918) et la Seconde Guerre mondiale (1939-1945). Déjà gravement blessé pendant la seconde guerre des Boers, il fut touché par balle au visage, à la tête, à l'estomac, à la cheville, à la jambe, à la hanche et à une oreille pendant la Première Guerre mondiale. Il survécut également à deux crashs d'avion, s'évada en creusant un tunnel d'un camp de prisonniers et s'arracha lui-même ses doigts blessés quand un médecin refusa de les lui amputer. Le mec qui ne lâche rien, quoi.

TEUF INDIENNE

Le 30 janvier 2001, lors du Maha Kumbh Mela, un immense pèlerinage hindou, entre 20 et 40 millions de personnes se sont réunis au bord du Gange. Cet événement serait le plus grand rassemblement pacifique de l'histoire.

ORDI DE COLLECTION

Il existe moins de 50 exemplaires du tout premier ordinateur fabriqué par la marque à la pomme : le Apple 1. Les quelques exemplaires se vendent à plus de 50 000 $ pièce.

Une loi fédérale américaine décrit les recommandations et interdictions visant l'usage du drapeau américain ; par exemple, le drapeau ne peut pas recouvrir quelque chose (à part un cercueil) ni être accroché au plafond. Dans la pratique, personne n'est condamné si le code n'est pas respecté.

À VOUS LE BUSH AUSTRALIEN

On le sait, en Australie, beaucoup d'animaux sont venimeux et certains d'entre eux peuvent facilement tuer un être humain. Et pourtant, même si on inclut les requins et les crocodiles, plus de personnes sont tuées chaque année par des chevaux que par ces animaux dangereux. Si c'est cette peur qui te retient de visiter l'Australie, elle n'a donc pas lieu d'être !

FINLANDE 1 – BERLUSCONI 0

En 2005, Silvio Berlusconi, le Premier ministre italien, a créé un mini incident diplomatique en critiquant publiquement la gastronomie finlandaise, et en particulier la fameuse recette de viande de renne marinée. Pour lui répondre, deux ans plus tard, des Finnois participèrent pour la première fois à un concours international de pizzaiolo. La pizza qu'ils ont présentée s'appelait la « Pizza Berlusconi » et contenait évidemment de la viande de renne marinée ! Mais l'histoire ne s'arrête pas là : la « Berlusconi » finlandaise a fini par remporter le concours… devant les Italiens, deuxièmes.

La *Hyalinobatrachium pellucidum,* en plus d'avoir un nom particulièrement compliqué, est une petite grenouille à la peau transparente. **On peut voir ses organes internes sans problème !** D'ailleurs, c'est loin d'être le seul animal transparent, beaucoup de poissons et autres espèces aquatiques ont cette particularité.

ET JOYEUX ANNIVERSAIRE !

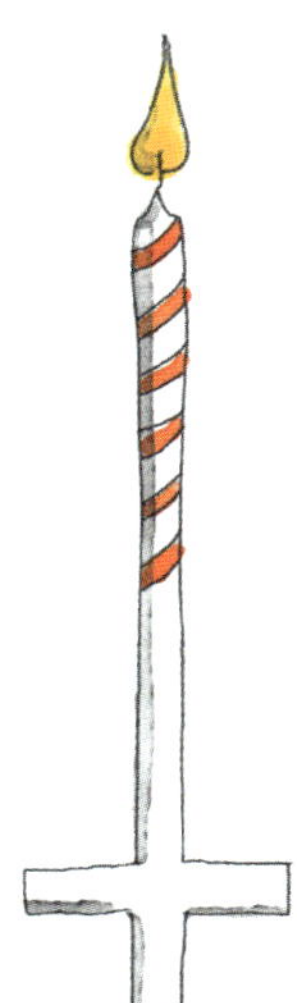

En analysant 25 millions de décès en 14 ans, l'université de Chicago a découvert qu'en moyenne, nous avons 7 % de chance (ou de malchance) en plus de mourir le jour de notre anniversaire que de mourir un autre jour de l'année.

L'ANTI-LOI ÉVIN

Dans la petite ville italienne d'Ortona, une fontaine très particulière a été installée en octobre 2016. Cette source permet de boire 24 h sur 24 et 7 jours sur 7 du vin. Oui, tu as bien lu, du vin coule d'une fontaine quelque part en Italie. Stylé.

Le logo de la Croix-Rouge est une croix rouge. Ça, d'accord. Mais savais-tu que cette simple croix rouge est protégée et ne peut pas être utilisée à des fins commerciales sans l'accord de l'organisme ? Il existe d'ailleurs plusieurs cas de jeux vidéo ayant dû payer des amendes pour l'avoir utilisée.

Un bébé sur dix en Europe aurait été conçu dans un lit Ikea. Ikea, littéralement le berceau de l'humanité moderne.

AVION À PART

Au Royaume-Uni, le fils de la reine Élisabeth II, le prince Charles, est le premier dans l'ordre de succession au trône. Ensuite arrive son fils aîné, le prince William. **Selon le protocole, pour des raisons de sécurité, les deux hommes n'ont jamais voyagé dans le même avion.** Le prince William, lui, a déjà rompu cette règle en voyageant avec son fils, le prince George, lui-même troisième dans l'ordre de succession.

CLASSE !

Le Martinez, l'un des hôtels les plus luxueux de Cannes, possède une équipe de buses et de faucons spécialement entraînée pour chasser les pigeons, mouettes et autres goélands qui peuvent déranger les stars pendant leurs déjeuners en terrasse.

POPULARITÉ

Plus de 50 % des articles de recherche publiés dans des revues académiques ou scientifiques ne dépassent pas les 100 lecteurs différents. En même temps, un article du style : « Interprétation quantique des diverses résonances observées lors de la diffusion de photons optiques et de radiofréquence par un atome » a l'air un peu trop compliqué pour la majorité de la population !

DU POISSON AUX SMARTPHONES

Samsung est une société sud-coréenne créée en 1938 ; à l'origine, elle faisait de l'export de poisson et de farine. Ce n'est qu'au début des années 1970 que la société ouvre une branche électronique et commence à faire des télés, des frigos et, plus récemment, des téléphones mobiles.

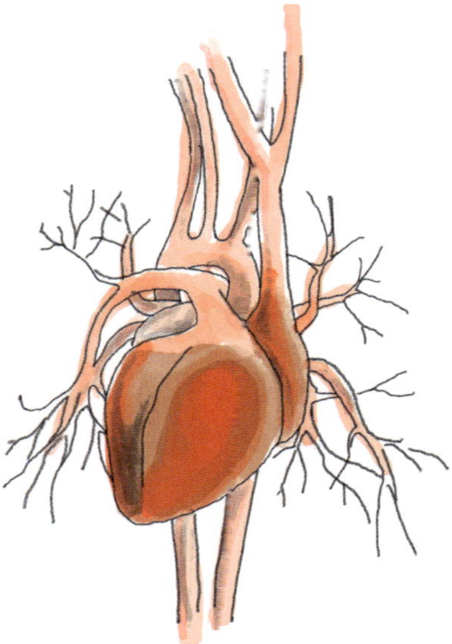

DOCTEUR DINGO

Depuis des dizaines d'années, un procédé appelé « cathétérisme cardiaque » permet de mesurer plusieurs éléments en plaçant une sonde dans les cavités du cœur. Tu te doutes bien que c'est une opération sous anesthésie et pas simple à effectuer. Sache alors que Werner Forßmann est le premier à effectuer cette opération, en 1929, sur sa propre personne. Oui, sur lui-même.

DEPUIS 25 ANS, UN HOMME, STEVE FELTHAM, VIT AU BORD DU LOCH NESS ET PASSE SES JOURNÉES À SCRUTER LA SURFACE DU LAC, À LA RECHERCHE DU MONSTRE MYTHIQUE QUI EST CENSÉ Y VIVRE.

CE QU'ON APPELLE AVOIR DU BOL !

En 2007, lors d'un vide-grenier à New York, une famille a acheté un simple bol à 3 $. Pendant six ans, ce bol a servi de décoration dans leur salon, jusqu'au jour où ils décidèrent de le faire analyser. Bingo, ce bol millénaire très rare (un seul autre dans cet état est connu dans le monde) datait de la dynastie chinoise des Song du Nord et fut estimé à 200 000 $. Il s'est finalement vendu pour 2 225 000 $ aux enchères. Un joli profit !

GRAVÉ DANS LA ROCHE

Le mont Rushmore est une petite montagne fort célèbre depuis qu'y ont été sculptés les visages de quatre présidents américains : **George Washington, Thomas Jefferson, Theodore Roosevelt et Abraham Lincoln.** L'endroit est visité par des centaines de milliers de touristes chaque année, mais peu de personnes savent que derrière la tête d'Abraham Lincoln se trouve cachée une petite pièce que le sculpteur destinait à conserver les documents les plus sensibles des États-Unis. Malheureusement, ce dernier est mort avant d'avoir pu la terminer.

CHACUN SES OEUFS

Les œufs de poule pondus aux États-Unis sont lavés et désinfectés après la ponte.

Les œufs de poule pondus en Europe sont interdits aux États-Unis, car ils ne le sont pas, et vice versa.

QUAND CE N'EST PAS TON HEURE…

Le 28 juillet 1945, Betty Lou Oliver est entrée dans le *Livre Guinness des records* pour avoir survécu à la plus longue chute d'ascenseur recensée. Elle travaille ce jour-là comme liftier à New York dans l'Empire State Building, quand un avion se crashe accidentellement dans l'immeuble, au niveau du 79e étage. **C'est en redescendant par un ascenseur que Betty fit cette fameuse chute de 75 étages. Une belle chanceuse !**

L'ART DE LA CAPTURE

En 2014, une capture d'écran, imprimée puis encadrée, d'une publication sur le site 4chan s'est vendue pour plus de 90 000 $ sur eBay. Sur cette publication, on pouvait lire : « L'art est quelque chose que l'on chérissait. Maintenant, tout peut être de l'art, littéralement. Ce post est de l'art. »

MÊME PAS PEUR

L'Islande est le seul pays de l'OTAN qui n'a pas d'armée de métier. Sa défense est assurée principalement par ses garde-côtes. Elle a toutefois une unique unité d'infanterie qui intervient régulièrement à l'étranger, au sein de conflits dans lesquels l'OTAN est impliquée.

TRISTE RECORD

Contrairement aux idées reçues, le Japon ne compte pas le plus haut taux de suicide dans le monde. Ce triste titre revient au Guyana. Ce pays d'Amérique du Sud compte en moyenne 1 suicide pour 2500 personnes. C'est considérable ! En comparaison, son voisin, le Venezuela, compte seulement 1 suicide pour 40 000 personnes ! La France, elle, en enregistre 1 pour 8000 personnes.

EN 1784, UN FERMIER JAPONAIS A DÉCOUVERT PAR HASARD UN SCEAU EN OR MASSIF, D'UNE PURETÉ DE 95 %. Il s'agissait en fait d'un cadeau de l'Empereur chinois à un convoi japonais dans les années 50 ap. J.-C., et c'est la plus ancienne trace d'un contact entre ces deux civilisations.

UNE PUCE peut sauter à une hauteur de plus de 100 fois sa taille. En comparaison, c'est comme si un homme pouvait sauter tranquillement jusqu'au 2e étage de la tour Eiffel.

INVASION

Dans les années 1940, cinquante castors ont été introduits en Terre de Feu (Argentine), pour lancer un commerce de fourrure. Aujourd'hui, ils sont plus de 100 000 et ont dévasté plus de 16 millions d'hectares.

Si tu pouvais rouler directement vers le ciel, l'espace ne serait qu'à environ 1 heure de voiture (100 km, selon la Fédération aéronautique internationale).

UNE PETITE VIRÉE SPATIALE

LE CHICHIBU CHINSEKIKAN EST UN MUSÉE JAPONAIS particulier. Il regroupe des centaines de cailloux qui ont naturellement une forme de visage. Va voir sur Google, c'est super impressionnant !

AUTONOMIE ABYSSALE

Le HMS Artful est un sous-marin nucléaire britannique. Mis en service en mars 2016, il pourrait théoriquement rester immergé 25 ans, sans jamais remonter à la surface. L'eau et l'oxygène nécessaires à la vie à bord sont directement créées grâce à l'eau de mer. L'unique raison actuelle des remontées concerne le ravitaillement en nourriture !

EN 2012, LORSQUE FACEBOOK RACHÈTE INSTAGRAM POUR ENVIRON 1 MILLIARD DE DOLLARS, LA SOCIÉTÉ N'EMPLOIE QUE 13 PERSONNES.

LE TROC DE LA LOOSE

Walter Earl Morrison, un jeune junkie de 20 ans, a réussi en 2014 à voler un diamant d'une valeur de 150 000 € pour finalement l'échanger contre l'équivalent de 20 € en marijuana. Le mec qui a du nez...

VERTIGINEUX !

Notre système solaire se situe au sein de la Voie lactée, notre galaxie. Cette dernière contiendrait entre 100 et 400 milliards d'étoiles (dont le Soleil). Si on essaie de se mettre à l'échelle et qu'on imagine que notre Soleil fait la taille d'un globule blanc (12 micromètres), alors la Voie lactée ferait à peu près la taille des États-Unis, Alaska et Hawaï compris. C'est fou, non ? Alors, imagine-toi que l'univers pourrait comporter plus de 2000 milliards de galaxies. Moi, ça me donne le vertige !

PLUS PRÈS DU TOIT MON DIEU

Entre le XIIe siècle et l'année 1901, avant la construction des premiers gratte-ciel, les plus hauts bâtiments du monde étaient des églises ou des cathédrales.

RADICAL

Pour protester contre la destruction de sa barre d'immeubles et ne voulant absolument pas être relogé ailleurs, David Phyall, un anglais de 50 ans, a commis un acte très symbolique : se suicider avec une tronçonneuse. Ok.

KILLING AN ELEPHANT FOR FOOD IN THE JARDIN D'ACCLIMATATION.

MENU CHELOU

De septembre 1870 à janvier 1871 a eu lieu le siège de Paris. Pendant plusieurs mois, l'armée de l'empire allemand encercle la capitale et les Parisiens ont de plus en plus de mal à trouver des sources de nourriture. Ils se tournent d'abord vers les chevaux, puis les chiens, les chats, les rats. En dernier recours, on décide d'abattre certains animaux du zoo, et c'est ainsi que, le 25 décembre 1870, **un restaurant proposait au menu de l'âne, de l'ours, du chameau, de l'antilope, du chat, du rat, du loup, du kangourou et même de l'éléphant.**

TA VOIX INTÉRIEURE, celle que tu entends quand tu penses, est toujours accompagnée de petits mouvements musculaires dans le larynx. Comme si tu parlais vraiment en fait...

LE PONT MALÉFIQUE

Le pont d'Overtoun se situe en Écosse et est depuis les années 1950 le théâtre de phénomènes plus qu'étranges. On recense une cinquantaine de cas de chiens ayant sauté dans le vide depuis ce pont, sans raison apparente. Le pire est que certains chiens, qui avaient survécu à la chute, ont retenté leur (mal)chance quelque temps après. Plusieurs scientifiques ont essayé d'expliquer le mystère, sans grand succès. L'hypothèse la plus crédible serait la prolifération dans les parages d'un petit animal dont l'odeur semble rendre fous beaucoup de chiens : le vison.

LA FAMILLE DES CACTUS (*Cactaceae*) compte environ 2500 espèces. Dans la nature, ces espèces ne se trouvent que dans le Nouveau Monde, à une exception près : le *Rhipsalis baccifera,* qu'on trouve à l'état sauvage en dehors des Amériques.

L'ARNAQUE

Bien que conçu par un bijoutier (français !), le Ballon d'or qui récompense le meilleur joueur de foot de l'année n'est pas entièrement fait d'or, mais principalement de laiton, pour un poids total d'environ 12 kilos.

C'EST DIT

Il est absolument impossible de prouver scientifiquement, ni par la logique pure ni par l'expérience, que le temps existe réellement.

AMNÉSIE

IL N'Y A PAS D'HORLOGES DANS LES CASINOS, AFIN QUE LE JOUEUR NE SENTE PAS LE TEMPS PASSER ET CONTINUE À DÉPENSER SON ARGENT.

ROUKETOPOLEMOS

Chaque année, dans la nuit qui précède le dimanche de Pâques orthodoxe, a lieu sur l'île grecque de Chios la traditionnelle « Guerre des fusées » (*Rouketopolemos* en grec). Cette « guerre » festive oppose les deux églises du petit village de Vrontados. Les fidèles allument des centaines de feux d'artifice et doivent tout simplement viser l'autre église.

BÉBÊTES À POILS

Une abeille et un écureuil ont sensiblement le même nombre de poils sur le corps : environ 3 millions. C'est déjà étonnant, mais ce n'est rien par rapport au papillon, qui peut compter jusqu'à 10 milliards de poils !

UN MARKETING BIEN PENSÉ

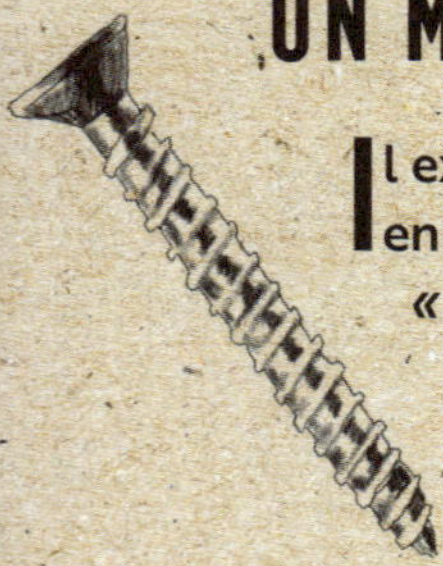

Il existe dans la ville de Valladolid, en Espagne, une rue qui s'appelle *« Calle Me falta un tornillo »*, qu'on peut traduire par « Rue Il me manque une vis ». Déjà, le nom est drôle, mais l'histoire est encore plus amusante quand on sait qu'au bout de cette rue se trouve… un magasin Ikea !

Tallinn, la capitale de l'Estonie, est la plus grande ville au monde et aussi la seule capitale à avoir mis en place la gratuité totale des transports en commun. Certaines villes plus petites commencent à l'imiter, notamment en France, avec l'exemple de Compiègne ou d'Aubagne.

BON PLAN

POUR L'AMOUR D'UNE BIÈRE

Chaque 1er mars, la fête de la bière est célébrée en Islande. Pourquoi ce jour ? Parce que la bière est légale dans le pays depuis le 1er mars 1989. Entre 1915 et 1989, cette boisson était totalement illégale sur l'île. Depuis, elle est la boisson alcoolisée la plus consommée en Islande.

LE CASSE-TÊTE DE L'ÉCOLIER

Il existe en français plus de 500 verbes irréguliers. En comparaison, la langue anglaise en compte 283 et le turc ou encore l'esperanto n'en ont aucun !

Pendant des centaines d'années (et encore parfois de nos jours, dans les villages de Chine continentale), les médecins utilisaient des os de dinosaures comme remèdes à tout un tas de maux. Ils pensaient qu'il s'agissait d'os de dragons, qui détenaient des pouvoirs magiques.

LA MAGIE DU T-REX

FORT FORT LONTAIN

Si on additionne le diamètre des sept autres planètes du système solaire (380 008 km), on se rend compte qu'elles pourraient toutes tenir, en moyenne, entre la Terre et la Lune. Je précise « en moyenne » parce que cette distance Terre-Lune varie. Lorsque la Lune est la plus proche, elle se trouve à 356 700 km de la Terre. Lorsqu'elle est la plus loin, elle se trouve à 406 300 km.

LA LIBRAIRIE BERTRAND se situe dans le quartier du Chiado, à Lisbonne (Portugal). Elle existe depuis 1732 et serait la plus vieille librairie du monde encore en activité.

UN ANNUAIRE CHAUD !

Entre 1757 et 1795, un écrivain anonyme publiait chaque année un annuaire détaillé de toutes les prostituées de Londres. Le livre se vendait par milliers, et donnait toutes les informations les plus intimes, comme les spécialités au lit, les positions favorites, et bien sûr, les mensurations !

LA PROSTITUTION CHEZ LES ANIMAUX ?

Plusieurs études en biologie et psychologie animales ont démontré l'existence d'une prostitution chez les chimpanzés et les manchots. On a en effet observé des chimpanzés troquer de la nourriture contre du sexe… Quant aux manchots de la terre Adélie, ils utilisent des pierres pour construire leurs nids. En 1998, des chercheurs ont observé qu'une pénurie de pierres avait forcé un bon nombre de manchots femelles à proposer leurs services sexuels en échange de cailloux.

LE MALHEUR DES UNS...

Quand le cadavre d'une baleine s'écrase sur le sol marin, si celui-ci est situé à plus d'un kilomètre de profondeur, alors la carcasse peut donner naissance à un écosystème à part entière. Durant des décennies, la carcasse va abriter toute une activité végétale et animale, ce qui rend les baleines absolument cruciales pour la vie dans les abysses... Le cimetière des uns, c'est le garde-manger des autres.

En Finlande, il existe un mot avec une signification très, très précise. « *Kalsarikänni* » veut dire « se prendre une cuite chez soi, tout seul, en caleçon, en regardant probablement la télévision ».

LE MYSTÈRE DES ROUX

Les personnes rousses sont plus sensibles à la douleur thermique que les autres, mais, en contrepartie, elles sont moins sensibles que la moyenne aux douleurs électriques. Et, de manière générale, en chirurgie, les roux nécessitent moins d'anesthésiants que la moyenne. Tout ça grâce à une mutation du gène MC1R. On n'est pas loin des X-Men.

LE CHOIX DU BITUME SUR LES AUTOROUTES dépend de la fréquentation des poids lourds sur l'axe en question. Plus il y a de camions sur le tronçon, plus il devra être solide. Le nombre de voitures n'a aucune importance.

L'ART DE LA FORMULE

Tout le monde connaît les mots de Neil Armstrong lorsqu'il posa pour la première fois le pied sur la Lune : « C'est un petit pas pour l'homme, un pas de géant pour l'humanité. » Les premiers mots de Buzz Aldrin, le deuxième homme à avoir posé le pied sur la Lune, furent beaucoup plus simples : « Belle vue. »

PARADOXE

En 1781, l'humanité a découvert Uranus, une planète située à plus de 2,7 milliards de kilomètres de la Terre. En revanche, en 1781, l'humanité n'avait toujours pas posé le pied en Antarctique, un continent situé à moins de 3000 kilomètres de l'Afrique du Sud...

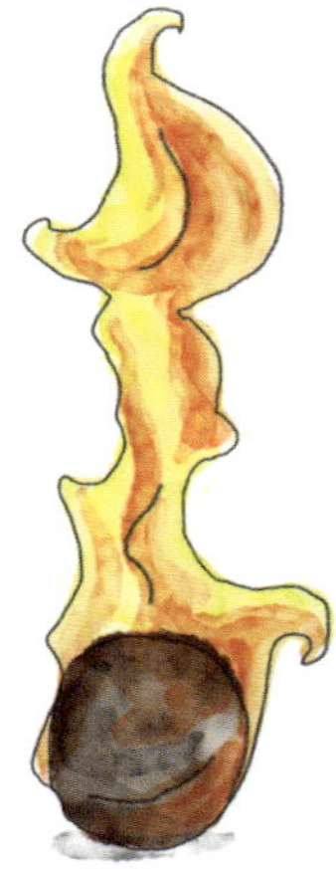

LE PELOTA PUREPECHA est un sport précolombien que les Mexicains essaient de remettre au goût du jour. Il s'agit d'une sorte de hockey sur gazon qui se joue avec une balle enflammée. Pratique pour jouer de nuit !

UN POUR TROU ET TROU POUR UN !

Les tortues *Rheodytes leukops*, endémiques, du Queensland, en Australie, ont la particularité, lorsqu'elles se trouvent sous l'eau, de pouvoir « respirer » par le cloaque (l'orifice qui sert aussi bien à la reproduction qu'à l'évacuation des choses dont le corps ne veut plus). Leur cloaque « filtre » l'oxygène présent dans l'eau et cela leur permet de rester immergées jusqu'à trois semaines, sans remonter à la surface !

UNE FONTAINE RENTABLE

La fontaine de Trevi, à Rome, est l'un des lieux touristiques les plus visités d'Italie et d'Europe. Chaque jour, l'équivalent de 3 000 € en pièces atterrit dans la fontaine. Sur toute l'année 2016, on estime que Trevi a réceptionné plus de 1 500 000 € : ça fait cher les vœux. Mais, heureusement, tout cet argent est récupéré par les autorités et utilisé pour financer un supermarché pour les personnes défavorisées.

...

Pendant la Seconde Guerre mondiale, les nazis utilisèrent à plusieurs reprises des prisonniers civils pour déminer des champs de mines, en les forçant à courir à travers et ainsi faire exploser les mines.

La pronoïa est l'inverse de la paranoïa. Une personne qui en souffre a tout le temps l'impression que le monde complote pour son bien. C'est mignon, je trouve.

BIENVENUE CHEZ LES BISOUNOURS

UN PLACARD À BOUFFE CHEZ LES FAUCONS

Le faucon d'Éléonore est une espèce d'oiseaux qui peuple l'île de Mogador, au Maroc. En 2014, une équipe de scientifiques a observé chez ces oiseaux un comportement unique dans le genre animal : ces faucons semblent stocker leur nourriture en attrapant de petits oiseaux, en leur arrachant les plumes des ailes et de la queue et en les laissant dans de petites crevasses rocheuses. La proie est incapable de s'échapper et le faucon peut venir se rassasier quelques jours plus tard.

UNE BONNE FOIS POUR TOUTES

Le plus vaste état américain n'est pas le Texas, mais l'Alaska, et de loin !

TAYLOR SWIFT TROLLÉE

En 2012, la chanteuse américaine Taylor Swift a organisé un vote sur les réseaux sociaux afin que ses fans décident du lieu de son prochain concert caritatif. La communauté de 4chan, suivie de celle de Reddit, en a profité pour troller un peu l'artiste en votant massivement pour la Horace Mann School de Boston, une école pour enfants sourds. Taylor Swift s'est retrouvée bien embarrassée et a fini par annuler son concert, sans oublier d'adresser à l'école un chèque de 10 000 $.

UN CADEAU SACRÉ

La statue de la Liberté, à New York, est en fait un cadeau des Français aux Américains, pour fêter le centenaire de leur indépendance. En 1885, elle fut transportée par bateau, en 350 morceaux ! Les Français financèrent le coût de la fabrication de la statue en elle-même tandis que les Américains payèrent le socle.

DES CINÉPHILES UN POIL FLIPPANTS

En 2004, la police parisienne a découvert dans les catacombes de Paris une salle de cinéma souterraine de 400 m², avec espace bar et restaurant. Ce cinéma clandestin était de toute évidence en activité, et quand la police est revenue sur les lieux pour remonter la trace des installations électriques, ils se sont rendu compte que tous les fils avaient été sectionnés. Une note avait été laissée à l'attention de la police : « N'essayez pas de nous retrouver. » Flippant !

1 222 PASSAGERS DANS UN BOEING

Le record du plus grand nombre de passagers dans un avion a été effectué le 24 mai 1991, pendant l'opération Salomon – une évacuation massive des Juifs éthiopiens vers Israël. L'un des avions de l'opération, un Boeing 747, comportait 1222 passagers à son bord, dont deux sont nés pendant le vol ! Le record tient toujours aujourd'hui.

CHICHE

Au moment où j'écris ces lignes, sur Wikipédia, l'article « Orientation du papier toilette » est plus long (en nombre de caractères) que l'article « Arc de Triomphe ». Mais comme je suis sûr que certains d'entre vous vont se dépêcher d'ajouter de la matière à ce dernier, je sens que ce fait est le seul sur les 777 qui ne sera déjà plus valable quelques jours après la sortie du livre.

URNE SALÉE

Fred Baur est notamment connu pour avoir inventé et breveté le design de la boîte de Pringles. À sa demande, il a été inciné à sa mort, et une partie de ses cendres a été placée dans une boîte de Pringles, évidemment.

RESPECT

En 1597, l'amiral coréen Yi Sun-sin a réussi à mettre en déroute une flotte japonaise de 333 navires en coulant 113 d'entre eux** lors de la bataille de Myeongnyang. La flotte coréenne, elle, comptait 14 navires. Les Japonais ont perdu plus de 10 000 hommes contre seulement 2 chez les Coréens. Depuis ce jour, l'amiral Yi Sun-sin est vénéré comme une Jeanne d'Arc locale, et ça se comprend !

Le Radithor était le nom d'une boisson inventée par un charlatan. Entre 1925 et 1930, elle faisait fureur dans le monde entier, jusqu'à la mort d'un de ses consommateurs les plus célèbres. La boisson était en fait un mélange d'eau et de radium. Un joli combo complètement radioactif qui tuait les consommateurs à petit feu.

PICOLER RADIOACTIF NUIT GRAVEMENT À LA SANTÉ...

LE SYNDROME DU GEEK

Tetris, le premier succès mondial de l'histoire des jeux vidéo, a donné son nom à un phénomène du corps humain : le syndrome Tetris. C'est quand tu consacres tellement de temps à une activité, un jeu vidéo par exemple, que ce dernier commence à modifier ta pensée, tes images mentales et même tes rêves.

GROSSE PROMO

En 1980, 1 Go de stockage sur disque dur coûtait en moyenne 437 500 $. En 2016, le prix était en moyenne de 0,019 $. **En gros, le prix moyen de stockage du Go a été divisé par un peu plus de 23 millions en 36 ans.**

GROS *VENT*

Édouard de Vere, un noble contemporain d'Élisabeth Ire, reine d'Angleterre au XVIe siècle, est parti en exil volontaire pendant sept longues années. La raison ? Un pet accidentel en présence de la reine, qui lui avait mis la honte de sa vie. Sept ans après, il est retourné voir la reine, qui lui aurait dit « Monsieur, j'ai oublié le pet... Mais, mon dieu, je n'ai pas oublié l'odeur. » (Note de l'auteur : j'ai peut-être inventé la deuxième partie de cette phrase.)

LA PYRAMIDE DE KHÉOPS est composée d'environ 6 millions de tonnes de matériaux divers, principalement de la roche. Six millions de tonnes, c'est plus lourd que toutes les cathédrales de France réunies.

ENDURANCE

L'être humain est l'espèce la plus endurante de tout le règne animal. Sur des longues distances et des courses de plusieurs jours, aucun autre animal ne peut dépasser un humain en bonne condition physique. Est-ce que ce critère nous a donné un avantage sélectif pendant la préhistoire ?

DES FORÊTS ET DES HOMMES

Bien qu'étant l'un des pays avec l'une des densités de population les plus élevées au monde, le Japon est aussi, et de très loin, le pays développé avec la plus grosse proportion de son territoire recouvert de forêts : 75 %.

Il est physiquement impossible pour un cochon, en gardant ses quatre pattes au sol, de regarder le ciel.

JAMAÏQUE UN JOUR, JAMAÏQUE TOUJOURS !

Usain Bolt exige de tous les publicitaires qui veulent utiliser son image qu'ils viennent tourner leur clip de promotion en Jamaïque. Son but est de soutenir son pays, en ramenant un maximum d'argent sur le territoire.

TWIN'S VILLAGE

En Inde, dans la province du Kerala, il existe un petit village appelé Kodinhi, qui bluffe depuis des années les scientifiques. Sur les quelque 2000 personnes qui habitent le village, il y a plus de 200 paires de frères ou sœurs jumeaux. C'est beaucoup, beaucoup plus que la moyenne mondiale et, en 2017, on ne sait toujours pas pourquoi.

PIRANHA, PIRANHA PAS ?

Pour certaines personnes, au Brésil, manger un piranha est tabou, car c'est un animal cannibale. Pour d'autres, au Brésil toujours, la soupe de piranha est un formidable aphrodisiaque. Les goûts et les couleurs, hein...

AVIS AUX CHERCHEURS DE TRÉSOR

On estime qu'il y a environ 3 millions d'épaves qui peuplent les fonds marins autour du globe… Parmi ces 3 millions, moins de 30 000 ont été découvertes, soit moins de 1 % !

LES CHAMPIONS DU MONDE

Entre 2010 et 2014, le zoo japonais Sapporo Maruyama a tenté par tous les moyens de faire s'accoupler deux hyènes jusqu'à se rendre compte, après quatre ans, qu'il s'agissait en fait de deux mâles.

UN COQUILLAGE NOMMÉ MING... THUSALEM

L'animal le plus âgé jamais découvert par l'homme était une cyprine (une espèce de coquillage), surnommée Ming et observée au large des côtes islandaises en 2006. Au moment de sa mort, dans les mains des chercheurs, Ming avait environ 500 ans.

Techniquement, jusqu'en 2013, il était interdit en Turquie d'utiliser les lettres « Q », « W » et « X ».

LE BATTLE ROYAL DES IPHONES

Le jeu pour iPhone *« Send me to heaven »* demande à ses joueurs de lancer leur portable le plus haut possible. Le classement se fait alors en calculant l'altitude atteinte. Le créateur du jeu a expliqué l'avoir développé dans l'espoir de détruire le plus d'iPhone possible. Mais, manque de pot pour lui, Apple l'a depuis banni de l'App Store !

Au Japon, il n'y a quasiment pas de décès par arme à feu. Selon l'organisation GunPolicy, qui lutte contre le danger des armes à feu, en 2014, sur 127 millions de Japonais, seules six personnes sont mortes de cette façon. Les Américains (environ 320 millions d'habitants) en comptent 10 000 en moyenne !

BON ESPRIT !

Philip Boit est le tout premier Kenyan à participer aux Jeux olympiques d'hiver en 1998 à Nagano en tant que skieur de fond. Le jour du 10 km classique, il se classe 92e et bon dernier de la course… Sauf que le champion olympique, le Norvégien Bjørn Dæhlie, arrivé 20 minutes avant, l'a attendu sur la ligne d'arrivée pour le féliciter et partager sa victoire avec lui. Cet acte a tellement marqué Philip Boit que, quelques années plus tard, il a nommé son fils Dælhie Boit.

FOUS DU VOLANT

À la fin du XIXe siècle, aux États-Unis et au Royaume-Uni, les premières lois encadrant la conduite d'automobiles entraient en vigueur. Entre autres, un automobiliste devait constamment avoir un drapeau rouge à l'avant de son véhicule, pour bien se faire repérer et, dans beaucoup de régions et d'États, ne pouvait pas dépasser la vitesse de 3 km/h (à peu de chose près la vitesse moyenne d'un piéton). Le 28 janvier 1896, la première amende pour excès de vitesse a été délivrée en Angleterre, dans le petit village de Paddock Wood, à Walter Arnold, un fou du volant qui, en plus de ne pas avoir de petit drapeau rouge, roulait à la vitesse faramineuse de 12 km/h !

PLUS VITE QUE L'ÉCLAIR

Lors du Grand Prix d'Europe, les mécaniciens de Felipe Massa n'ont eu besoin que de 1,92 seconde pour remplacer les quatre pneus de la Formule 1, c'est un record !

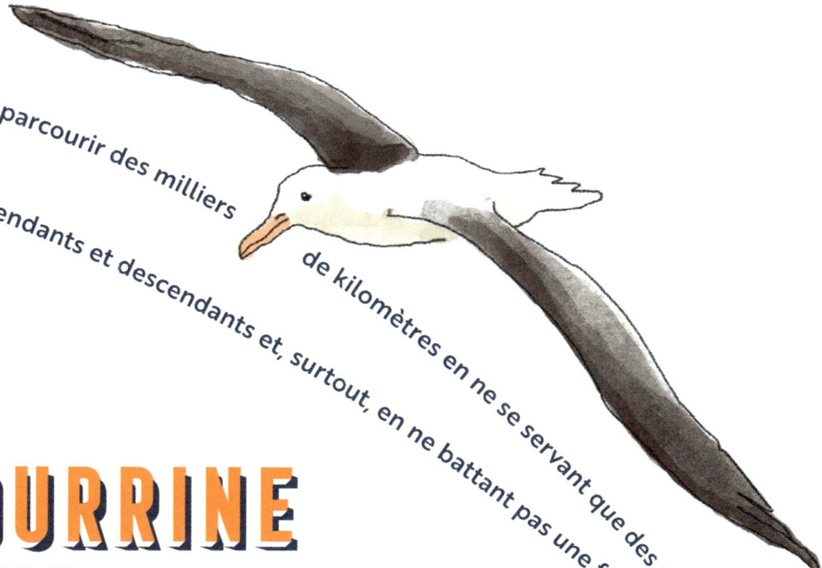

Les albatros peuvent parcourir des milliers de kilomètres en ne se servant que des courants ascendants et descendants et, surtout, en ne battant pas une fois des ailes.

LA BOURRINE BERTHA

Si tu as été attentif pendant tes cours d'histoire sur la Première Guerre mondiale, le nom de « Grosse Bertha » te dit sûrement quelque chose. **C'est un gigantesque canon de 10 mètres et 89 tonnes que les Allemands utilisaient pour le siège des villes belges et françaises.** Il était si puissant et bruyant que les soldats allemands devaient s'éloigner de 300 mètres avant chaque tir, mettre du coton dans leurs oreilles et leur nez, et garder la bouche bien ouverte pour éviter que leur tympan n'explose après la détonation.

À QUOI ÇA TIENT ?

En 1945, Kyoto était déjà l'une des plus grandes villes du Japon, après en avoir longtemps été la capitale. Pour ces raisons, la métropole aurait dû subir le tout premier bombardement nucléaire de l'histoire, à la place d'Hiroshima. **Mais les habitants de Kyoto ont tous été « sauvés » sans le savoir par le ministre américain de la Guerre, Henry Lewis Stimson, qui a retiré Kyoto de la liste,** trop attaché à la ville pour la détruire. Ce sentimental y était allé avec sa femme pour sa lune de miel !

UNE FRAUDE ÉLECTORALE RECORD

Le *Livre Guinness des records* reconnaît l'élection présidentielle de 1927 au Libéria comme l'élection la plus frauduleuse de l'histoire. Alors qu'il n'y avait que 15 000 citoyens ayant accès au droit de vote à l'époque, Charles D. B. King a reçu plus de 234 000 votes en sa faveur !

HISTOIRE DE FAMILLE

À Salt Lake City, dans l'Utah, l'église mormone détient la plus grande quantité d'archives généalogiques au monde, couvrant plus de 110 pays. Inaugurée en 1985, cette bibliothèque s'étend sur plus de 37 000 m² ! La *Family History Library* est accessible à tout visiteur, gratuitement.

SCIENCE CHELOUE

Il existe une discipline très sérieuse qui répertorie les animaux non identifiés formellement : la cryptozoologie (« l'étude des animaux cachés », en grec ancien). Cette discipline n'est pas entièrement reconnue comme une science : ses adeptes étudient aussi bien le monstre du Loch Ness que le yéti, ou encore le dahu.

FIGHT AU SOMMET DE LA POP

Dans les années 1980, les deux icônes de la pop Freddy Mercury (Queen) et Michael Jackson ont bossé ensemble sur un album très, très, très attendu par le grand public. Sauf que l'album n'est jamais sorti, les deux stars n'arrivant pas à s'entendre. Michael Jackson en avait marre que Freddy Mercury se shoote à la cocaïne tout le temps, tandis que Freddy Mercury ne voulait pas de Louie, le lama de compagnie de Michael Jackson, dans le studio.

Il est possible de se fracturer des côtes en éternuant trop fort...

NUTELLA UN JOUR...

Pietro Ferrero, l'inventeur de la pâte à tartiner la plus célèbre du monde, a eu l'idée, juste après la Seconde Guerre mondiale, de mélanger du chocolat avec des noisettes pour créer cette fameuse pâte. À l'époque, les fèves de cacao servant à faire du chocolat étaient très rares et surtout très chères !

WANTED HERSELF

En 2012, alors en voyage en Islande, une touriste canadienne se joint à une équipe de secours pour chercher une personne disparue dans la nature. Ce n'est qu'après plusieurs heures de recherches qu'elle se rend compte qu'en fait, **c'est elle qui est recherchée !**

TOUT UN PROGRAMME !

À Hollywood se trouve l'un des musées les plus glauques du monde : le musée de la mort. On y retrouve des housses mortuaires, des cercueils, mais aussi des films d'exécutions ou encore la tête décapitée du tueur en série Henri Landru.

C'EST CHAU !

En 2017, Chau Smith a couru 7 marathons en 7 jours, sur 7 continents (Afrique, Océanie, Asie, Europe, Amérique du Nord, Amérique du Sud et Antarctique). Déjà, l'exploit est fou, mais si je te dis qu'elle a fait ça pour célébrer son 70e anniversaire, ça devient encore plus dingue !

UNE MANNE !

En 2016, les Français ont misé 14,3 milliards d'euros auprès de la Française des jeux, que ce soit en tickets à gratter ou encore en paris sportifs. Entre les joueurs gagnants et les commerces distribuant ses produits, la FDJ a reversé un peu plus de 10 milliards d'euros.

Dans les années 70, la CIA a travaillé sur l'*Insectothopter*, un robot miniature de la forme et de la taille d'une libellule. Le petit véhicule a été fabriqué avec l'aide d'un horloger. Son « corps » renfermait une petite dose de carburant et sur le papier, l'idée était parfaite pour espionner les ennemis. Malheureusement, après quelques tests, la CIA a réalisé qu'à la moindre bourrasque, l'*Insectothopter* n'était absolument plus manœuvrable. C'est dommage de ne s'en rendre compte qu'à ce moment-là...

TRISTE *CARPE DIEM*

Les prisonniers condamnés à mort au Japon ne connaissent jamais le jour de leur exécution. Ce n'est que quelques minutes avant la fin qu'ils sont prévenus. Ils vivent ainsi chaque jour en pensant que c'est peut-être le dernier.

FAT BRAD PITT

En 2016 est sorti un livre intitulé *Fat Brad*, dont le principe est de recenser toutes les recettes de tous les plats que Brad Pitt a dégustés à l'écran, dans chacun de ses films. Du coup, tu peux avoir la recette du sandwich au jambon page 20, puis à la page suivante, celle du bœuf de Kobe aux champignons, sauce coulis de caviar ! Bon, par contre, bon courage pour le dénicher, j'ai un peu fouillé et il a été édité en très très peu d'exemplaires. Je n'en ai pas trouvé un seul à la vente en ligne !

LA FOLIE DES GRANDEURS

Le plus grand stade du monde est le Stade du Premier-Mai à Pyongyang en Corée du Nord. Il peut officiellement accueillir 150 000 personnes – même si, en se basant sur des photos, le chiffre tournerait plutôt autour des 114 000 places assises. En comparaison, le plus grand stade français, le Stade de France, accueille au maximum 81 338 personnes.

UN NUAGE DE GRENOUILLES DANS TON LAIT ?

À une époque lointaine où les réfrigérateurs n'existaient pas, beaucoup de Russes et de Finlandais conservaient le lait d'une manière très particulière : en y plongeant des grenouilles vivantes. Des études scientifiques récentes ont montré que certaines grenouilles produisent effectivement des substances qui fonctionnent un peu comme des antibiotiques et qui permettaient de ralentir considérablement la propagation de bactéries dans le lait. Moi, je me demande surtout qui a eu pour la première fois l'idée de tester cette méthode !

PAYE TON HAMSTER...

En 2000, une équipe de paléontologues vénézuéliens a découvert un squelette quasi complet de *Phoberomys pattersoni*. Cet animal, disparu depuis 9 millions d'années, serait l'un des plus gros rongeurs de l'histoire. Imagine-toi un cochon d'Inde de la taille d'une vache et tu auras une bonne idée de la grosseur de cet herbivore.

VAIANA

Le film de Disney *Vaiana* a pour titre original *Moana*. Dans beaucoup de pays européens, dont la France, son nom a dû être changé car une marque était déjà déposée sous ce nom. En Italie néanmoins, le film s'appelle *Oceania* pour une autre raison, beaucoup plus officieuse. Moana Pozzi, décédée en 1994, était juste l'actrice pornographique la plus connue d'Italie.

ROND COMME PAS DEUX

L'étoile Kepler 11145123 serait l'objet naturel le plus rond de l'univers. Je précise « naturel » car, sur Terre, les scientifiques du projet Avogadro ont créé une sphère en métal quasiment parfaite.

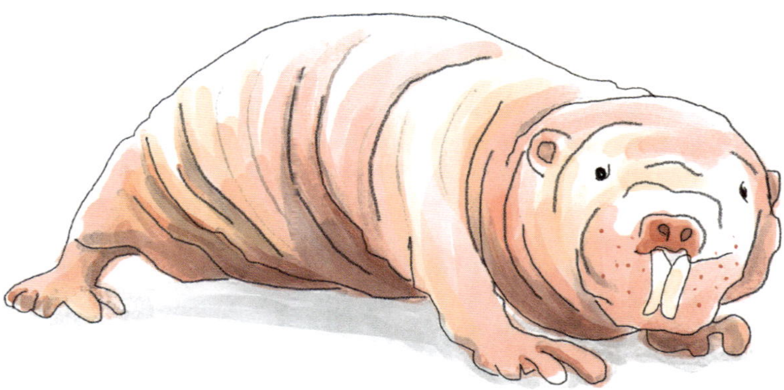

LE X-MEN NU

Voici un rat-taupe nu. C'est un petit rongeur qui vit en Afrique de l'Est et qui, malgré son nom, n'est ni un rat ni une taupe ! Il s'agit en fait du seul mammifère eusocial au monde (enfin, avec son cousin le rat-taupe de damara, qui est un peu plus poilu !). En gros, ils vivent par colonies. Il y a entre 70 et 300 individus et une seule femelle s'occupe de la reproduction. Chaque rat-taupe a sa propre fonction ; certains creusent, d'autres déblaient la terre, etc. Cet animal est aussi un cas à part au niveau de la santé, parce que déjà, il est insensible à la douleur, mais surtout, il est résistant aux cancers, aux maladies cardio-vasculaires et il peut vivre jusqu'à 30 ans !

WARRIOR PIGEON

Le 3 octobre 1918, pendant la Première Guerre mondiale, un groupe de 500 soldats américains se retrouve coincé sur une colline très proche des lignes ennemies. Après deux jours d'assauts allemands, ils ne sont plus que 200. Toutes leurs communications sont coupées et ils n'ont plus de nourriture. Comme si ça ne pouvait pas être pire, les troupes alliées ignorent où ils se trouvent et commencent à bombarder leur position.**Trois pigeons voyageurs sont alors envoyés par les 200 survivants.** Les deux premiers se font abattre rapidement par les Allemands et le troisième, qui s'appelait « Cher Ami », se prend une balle et s'écrase. Mais, comme par miracle, **il parvient à s'envoler de nouveau et à rejoindre les troupes alliées, à plus de 25 km de là. Il est pourtant touché à la poitrine, à un œil, et il ne lui reste qu'une seule patte. Grâce à lui, le groupe de soldats pris au piège put indiquer leur position aux alliés et se faire secourir quelques heures plus tard.** À la fin du conflit, il reçut la Croix de Guerre et fut empaillé à sa mort.

Il y aurait sur Terre environ 3 000 000 000 000 d'arbres, soit environ 410 arbres par personne.

UNE MAMAN DE 5 ANS

Lina Marcela Medina de Jurado est une Péruvienne connue dans le monde scientifique pour être la mère la plus jeune de l'Histoire. Née en septembre 1933, Lina a accouché par césarienne d'un petit garçon le 14 mai 1939, quand elle n'avait encore que 5 ans et sept mois…

PERDU DANS L'ESPACE-TEMPS

Le 1er janvier 1900, à minuit pile, le bateau SS Warrimoo a intentionnellement traversé la ligne internationale de changement de date, pile-poil au niveau de l'équateur. Ainsi, le bateau se trouvait à la fois dans deux hémisphères, mais surtout en 1899 et en 1900 ! Les journaux de l'époque titraient fièrement « Un bateau est à la fois au XIXe et XXe siècle ! » Ouais… il faudrait quand même leur expliquer que le XXe siècle commence le 1er janvier 1901 et pas 1900…

Ceci est une fourmi pot-de-miel. Ces fourmis accumulent du miellat de puceron dans leur abdomen pour le redistribuer à d'autres fourmis quand elles en ont besoin. De vrais réservoirs vivants de nourriture !

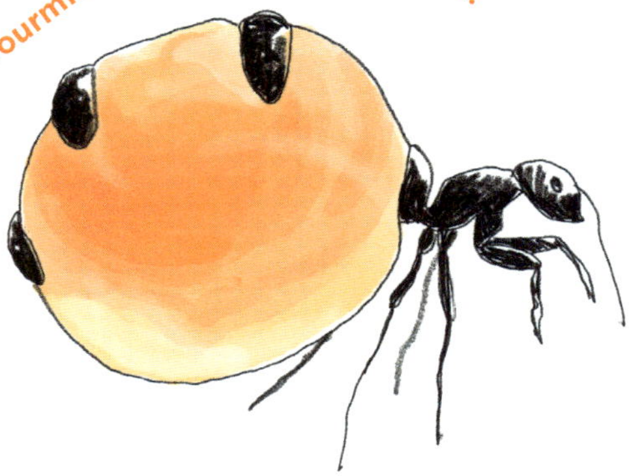

L'ÎLE ÉPHÉMÈRE

En 1970, à la suite du passage d'un cyclone, une île est apparue au large de la frontière entre l'Inde et le Bangladesh ; un petit bout de terre de 10 000 m². Sa souveraineté fut contestée par les deux pays pendant des années ! Jusqu'en 2010, lorsque l'île, à cause du réchauffement climatique et de la montée des eaux, a tout simplement disparu.

TRÈS CONNU À CETTE ADRESSE

En 1881, Victor Hugo vivait à Paris, avenue d'Eylau. Le 28 février de cette année, deux jours après ses 79 ans, l'avenue fut rebaptisée « avenue Victor Hugo ». Donc oui, de son vivant, on pouvait écrire une lettre à Victor Hugo, vivant sur l'avenue Victor Hugo, et ça, c'est la classe ! À quand une « avenue Doc Seven » ?

J'ACHÈTE UN HÔTEL RUE DE LA PAIX

Chaque année, aux États-Unis, on imprime davantage de billets du jeu Monopoly que de vrais dollars (environ 30 milliards d'argent de Monopoly contre seulement 974 millions de dollars).

EN QUÊTE DE SOURCES

L'Arabie saoudite est le plus grand pays du Moyen-Orient et le 13e plus grand pays du monde en termes de superficie. Mais c'est surtout le plus grand pays du monde à n'avoir aucune rivière. Bon, ok, ils ont plus de 2500 km de côtes maritimes, mais quand même, zéro rivière, c'est pas beaucoup !

En février 2017, Ben Weyts, le ministre flamand de la Mobilité et des Travaux publics, du Bien-Être animal et du Tourisme (oui, ça existe), s'est rendu en vélo à une conférence de presse où il devait justement faire la promotion du vélo et parler de la mise en place progressive de nouvelles voies pour les cyclistes. L'ironie de l'histoire, c'est qu'en sortant de cette conférence, une heure et demie plus tard, son vélo avait été volé. Il dut repartir en voiture.

LA GUERRE À COUP DE CÉTACÉS

Depuis 1960, la marine américaine a un programme de dressage de dauphins et d'otaries. Ils dépensent 15 millions de dollars par an pour entraîner ces animaux à détecter des mines sous-marines ou à explorer discrètement des zones ennemies. Ainsi, la marine a actuellement 75 dauphins entraînés et prêts à être déployés dans n'importe quelle zone de guerre. Enfin, n'importe quelle zone de guerre marine... parce que sur terre, c'est tout de suite moins pratique.

LE TOUT PREMIER SMS DE L'HISTOIRE A ÉTÉ ENVOYÉ EN DÉCEMBRE 1992 PAR UN INGÉNIEUR TRAVAILLANT SUR CETTE TECHNOLOGIE À SON PATRON DE L'ÉPOQUE. LE MESSAGE DISAIT TOUT SIMPLEMENT : « JOYEUX NOËL. »

Le guépard, qui est l'animal terrestre le plus rapide, peut atteindre 65 km/h en seulement trois foulées (le record de vitesse d'un guépard monte à 108 km/h).

ON FAIT LES COMPTES ?

En l'an 2000, une étude avait montré que si on investissait seulement 3 % de l'argent dépensé annuellement en armement, on aurait pu scolariser l'intégralité des enfants n'ayant pas accès à l'école dans le monde. Cette somme correspond à environ 18 milliards de dollars. Eh oui, 18 milliards de dollars ne représentent que 3 % du budget annuel en armement à travers le globe.

LE ROYAUME DES NAINS EST UN PARC D'ATTRACTIONS CHINOIS très controversé où les employés mesurent tous moins de 130 centimètres.

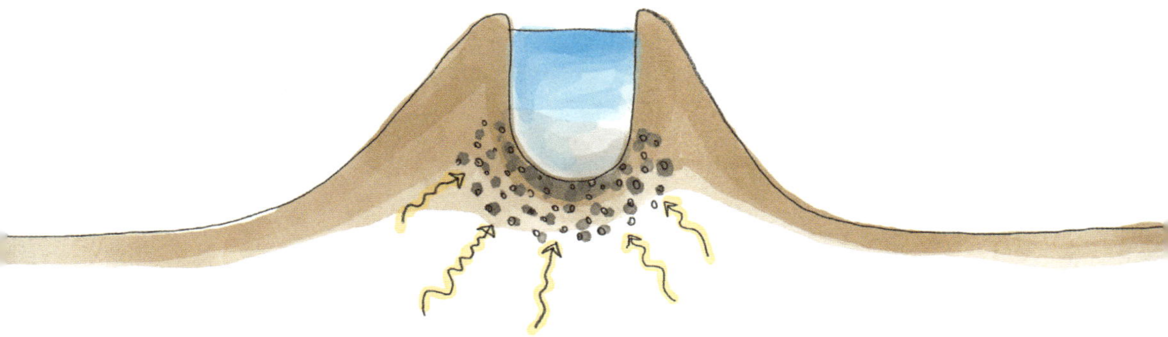

LE LAC EXPLOSIF

Le 21 août 1986, au Cameroun, le lac Nyos a explosé et provoqué la mort de 1786 personnes. Je t'explique. Le lac Nyos est un lac de cratère, c'est-à-dire qu'il est au-dessus d'un vieux volcan. Il y a donc beaucoup de remontées de gaz carbonique, et ce gaz s'accumule au fond de l'eau. Dans un climat tempéré, l'hiver, l'eau du dessus, qui est plus froide et donc plus lourde, descend et échange sa place avec l'eau du fond, plus chaude, et, du coup, le gaz se libère. Sauf qu'au Cameroun, ce n'est pas vraiment un climat tempéré et ces échanges d'eau sont inexistants. Forcément, le gaz ne se libère jamais, et il suffit alors qu'un gros caillou tombe dans l'eau pour mélanger tout ça et créer une gigantesque explosion. En août 1986, c'est exactement ce qu'il s'est passé. 1,2 km³ de gaz s'est retrouvé à la surface presque instantanément. Un énorme nuage incolore et inodore qui a chassé l'oxygène disponible. Tous les petits villages autour du lac ont été décimés. Par exemple, dans le village le plus proche, qui s'appelle Nyos, sur 600 personnes, seulement six ont survécu en prenant la fuite en mobylette.

LE MÉTIER DE TES RÊVES

À New York, Robert Samuel a fondé une société qui s'appelle SOLD. Le service qu'il offre est très simple. **Il fera tout simplement la queue à ta place.** Comme ça, si tu veux absolument le nouvel iPhone 17 ou un billet pour le concert de Jul à l'Olympia, tu n'as pas besoin de faire 19 heures de queue !

MAUVAIS ESPRIT

Le 14 février 2014, dans un cinéma à Shanghai, un groupe d'internautes a acheté la moitié des places pour un film romantique. Les sièges étant numérotés, ils ont fait exprès d'acheter un siège sur deux, comme ça les couples qui voulaient venir voir une belle romance pour la Saint-Valentin ne pouvaient pas s'asseoir ensemble. Tout ça en l'honneur des célibataires !

Le Palais de justice de Bruxelles est le plus grand au monde.

Au début des années 1990, une société américaine avait pour projet d'envoyer en orbite basse autour de la Terre un gigantesque panneau publicitaire. Le panneau aurait été fait en polytéréphtalate d'éthylène, une espèce de plastique très solide. Le panneau devait faire 800 m de long, et à l'œil nu, pour quelqu'un au sol, il aurait eu la taille d'une demi-lune !

J'ESPÈRE QU'IL EST BIEN LAVÉ !

Le kopi luwak est le café le plus cher du monde. Il est récolté dans les excréments d'un petit mammifère asiatique : le luwak. Cet animal est de la famille des civettes. Il est carnivore, mais adore se nourrir de baies de café. Ces dernières ne sont pas digérées, mais ressortent naturellement fermentées. Initialement récolté dans la nature, ce café est de plus en plus industrialisé et les pauvres animaux vivent dans des enclos et sont gavés de baies de café en permanence, pour améliorer le rendement. Le prix varie beaucoup, mais certains restaurants facturent la tasse 50 € !

TU CONNAIS LE TTONGSUL ?

C'est un alcool de riz coréen très particulier qu'on utilise pour soulager la douleur. Pour le fabriquer, on doit juste laisser fermenter du riz, de l'eau et des excréments humains ! Beaucoup de coréens affirment tout de même qu'il s'agit d'une légende urbaine. Alors, ttongsul ou pas ttongsul ?

FAUT DE TOUT POUR FAIRE UN MONDE

Il est connu que les Hollandais sont grands. Une étude a d'ailleurs montré que les hommes hollandais sont les plus grands du monde, mesurant 1 m 88 en moyenne.
Les plus petits hommes, toujours selon cette étude, seraient les Indonésiens, mesurant en moyenne 1 m 58.

BON APPÉTIT !

Leonarda Cianciulli est une tueuse en série italienne. Elle a assassiné trois femmes dans les années 1940 et ce qu'elle a fait des cadavres est particulièrement gore. En gros, elle découpait ses victimes en petits morceaux et en faisait du savon. Et puis, avec le sang, elle faisait des gâteaux qu'elle distribuait dans son quartier. Quelle gentillesse !

ROULER SUR L'OR ET LE PAPIER

Le 29 octobre 1945, le premier stylo à bille est lancé dans le commerce à New York. Son prix ? 12,50 $. C'est déjà cher pour un stylo, mais il ne faut pas oublier de calculer l'inflation. 12,50 $ en 1945 correspondent à environ 150 € en 2017. Pas donné le stylo à bille !

PAYE TON ÉTUDE

En 2011, une étude a prouvé que la Corée du Nord est le deuxième pays le plus heureux du monde. Le premier au classement est son voisin, la Chine. Inutile de préciser que cette étude nous provient tout droit de « chercheurs » nord-coréens. J'ai comme un doute sur la fiabilité du truc...

PIRE QUE LE FROMAGE

Le durian est certainement le fruit dont l'odeur est la plus nauséabonde au monde ! Il sent tellement fort qu'il est d'ailleurs interdit dans beaucoup d'aéroports, de bus ou d'hôtels à travers l'Asie. Pour en avoir gouté, je peux t'assurer que le goût est encore pire que l'odeur !

LES MEMES DANS L'ŒIL DES SCIENTIFIQUES

Des chercheurs de l'université d'Indiana, aux États-Unis, ont reçu environ 1 million de dollars de la part de la National Science Foundation (l'équivalent américain du CNRS), afin d'étudier les memes sur Internet.

PAS JUSTE

Au XIXe siècle, l'un des meilleurs chevaux de course de tous les temps - un pur-sang américain du nom de Sir Archy - a été retiré des compétitions, car aucun autre cheval ne pouvait rivaliser avec lui.

FLIPPER JUNKY

Des dauphins ont été filmés en train de s'amuser avec un poisson-globe. Il existe plusieurs espèces de poissons-globes, mais la plupart, lorsqu'ils sont menacés, produisent des toxines qui peuvent être très dangereuses à forte dose. Étrangement, ces dauphins semblaient maîtriser la question et prenaient juste plaisir à se droguer, absorbant de petites quantités de toxines. **Oui, les dauphins sont des drogués.**

GROS VÉNÈRE

Le 6 décembre 1941, le sous-marin britannique HMS Perseus heurte une mine italienne et coule très rapidement. Sur les 61 personnes à bord, un homme, John Capes, tente sa chance et parvient à remonter à la surface, 52 mètres plus haut. Après six heures de nage, il finit par toucher terre, sur l'île grecque de Céphalonie.

UN VERNIS BIEN UTILE

En 2014, des étudiants de Caroline du Nord ont inventé un vernis à ongles très spécial. Une fois en contact avec certaines drogues comme le GHB, il change de couleur. Il permet de détecter ce qu'on appelle « les drogues du violeur ». Comme ça, au moindre doute, il suffit de tremper son ongle dans sa boisson pour être fixé !

MENDELEÏEV DANS TON IPHONE

Dans un iPhone, on retrouve environ 75 éléments chimiques différents, soit pratiquement deux tiers des éléments chimiques connus.

L'ALCOOL EST DANGEREUX POUR LA SANTÉ

Stein Arvid Huseby était complètement ivre quand, en juin 1985, il décida de détourner un Boeing de l'ancienne compagnie norvégienne Braathens. En plus de vouloir discuter avec le Premier ministre norvégien de l'époque, il s'est sifflé tout l'alcool présent à bord et quand il n'a plus rien eu à boire, il a accepté d'échanger son arme et de se rendre contre un pack de bière supplémentaire…

UN TRÈS VIEIL ÉCOSYSTÈME

En 1986, des égoutiers en Roumanie ont accidentellement découvert une cave isolée du monde extérieur depuis 5,5 millions d'années. **La grotte de Movile est pleine de trésors biologiques.** Sur les 48 espèces vivantes qui y sont recensées, parmi les sangsues, les araignées et les crabes albinos, il y en a 33 qui sont endémiques à la grotte, c'est-à-dire qu'elles n'existent nulle part ailleurs !

LA FOURMI LA PLUS RAPIDE DE L'OUEST

Une espèce de fourmis américaine, *Odontomachus bauri,* détient un record du monde : celui de la morsure la plus rapide. En moyenne, ses mandibules se referment à une vitesse de 180 km/h, soit 2300 fois plus rapidement qu'un clin d'œil.

FAN À EN MOURIR

En Corée du Nord, la dictature des Kim a instauré depuis des décennies un incessant culte de la personnalité autour du chef d'État. Ce culte est tellement ancré qu'en 2012, **une adolescente nord-coréenne de 14 ans aurait perdu la vie en essayant de sauver d'une inondation des portraits des deux « leaders suprêmes ».**

Ça sonne comme un énorme cliché, mais c'est pourtant vrai… 90 % du riz consommé dans le monde l'est en Asie !

UNE ARAIGNÉE BANDANTE

En Amérique du Sud vit une petite araignée qu'on appelle l'« araignée banane » *(Phoneutria nigriventer).* Elle porte ce nom parce qu'elle vit surtout dans des régimes de bananes. Son venin est théoriquement mortel, mais la dose contenue dans une morsure est si faible qu'on ne peut pas en mourir. Par contre, un des effets de la morsure est de provoquer chez les hommes une érection tellement intense et tellement longue (plusieurs heures !) que ça en devient très douloureux.

AVANT L'ENCYCLOPÉDIE

Pline l'Ancien, écrivain romain, est considéré comme le premier auteur à avoir écrit une encyclopédie. L'ouvrage s'appelle *L'Histoire naturelle*, compte 37 volumes, a été écrit vers l'an 77 et recense la majorité des connaissances scientifiques et techniques de l'époque.

UN COLOSSE DES MERS PEU VORACE

Le Calmar colossal est certainement le plus gros invertébré connu. Il peut peser jusqu'à 500 kilos et n'a pour prédateur que le cachalot. Malgré cela, il a un appétit d'oiseau ! Les scientifiques pensent qu'un poisson de cinq kilos pourrait lui suffire à survivre plus de 200 jours !

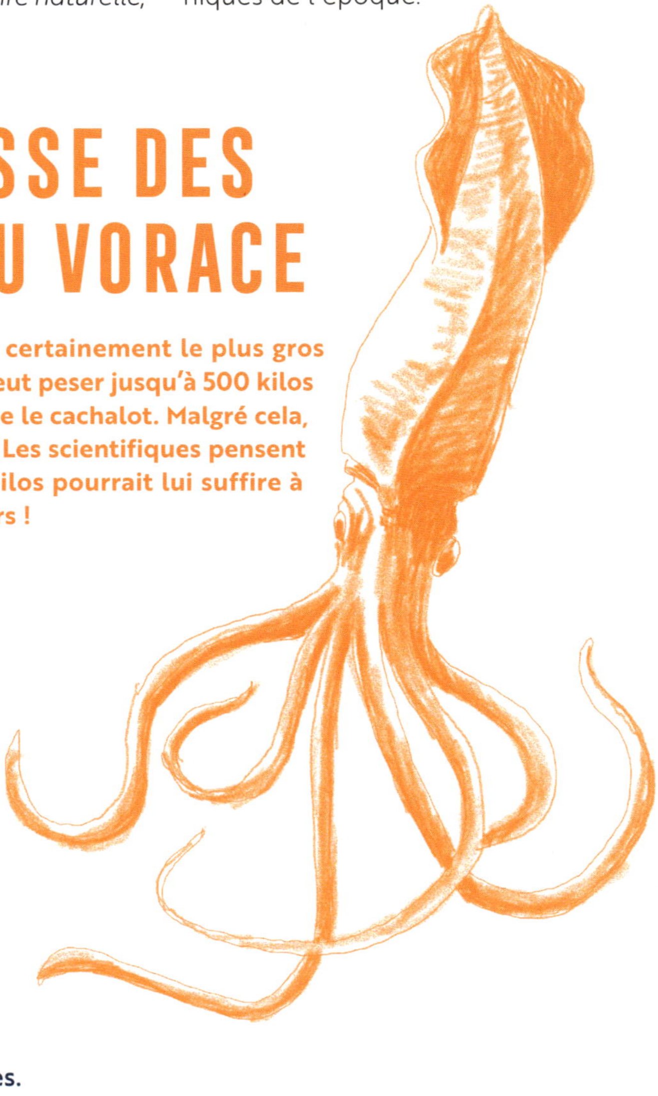

TENTACULAIRE !

Les tentacules de la méduse à crinière de lion mesurent en moyenne 40 mètres de long, mais certains spécimens se sont approchés des 100 mètres. C'est plus que deux baleines bleues réunies !

ERREUR DE COM'

En 1973, Richard Nixon vient d'être réélu président des États-Unis. Comme le veut la tradition, une grande parade est organisée à Washington le jour de l'inauguration. Tout est fait pour que la journée soit parfaite. Par exemple, des produits chimiques sont pulvérisés sur beaucoup d'arbres afin de repousser au maximum les pigeons. Ce serait bête qu'un volatile se lâche juste au-dessus de la voiture présidentielle. Sauf que le dosage du produit n'a pas été respecté et, quand Nixon a défilé, des dizaines et **des dizaines de pigeons morts se trouvaient sur les bas-côtés.**

SURPRISE !

Si je te demande quel est, selon toi, le pays qui compte le plus de femmes au sein de son parlement, tu penses à quoi ? La Finlande ? La Suède ? Hé ben non. **C'est au cœur de l'Afrique, au Rwanda, que les femmes sont les plus nombreuses au Parlement. Elles représentent 64 % de l'hémicycle !**

BÊTE DE SEXE

Lorsqu'elle est en chaleur, une lionne s'accouple en moyenne toutes les 15 minutes, pendant 3 jours, sans manger ni dormir, avec jusqu'à 5 mâles différents. **On estime en moyenne que, pour concevoir un lionceau, les lions se seront accouplés plus de 3000 fois.**

DES PATATES À 55000 $

Une campagne Kickstarter intitulée « *potato salad* » a collecté plus de 55000 $ de la part de 6911 donateurs, en seulement quelques semaines, en 2014. Le but : financer la salade de pommes de terre de Zack, le créateur de la campagne. Ou comment une simple blague peut te payer tes trois prochains tours du monde !

Depuis plusieurs années, des rats géants sont entraînés pour détecter des mines terrestres. Ils sont d'une efficacité redoutable.

LE CHAT DE ~~SHRÖDINGER~~ HETHERINGTON

En 1975, le scientifique Jack Hetherington a publié un article sur la physique atomique, coécrit avec… son chat. En fait, après s'être rendu compte à la fin qu'il avait rédigé son article à la première personne du pluriel, il a préféré nommer son chat coauteur plutôt que de s'embêter à tout corriger. **C'est comme ça qu'en physique atomique, deux articles scientifiques sont signés de la patte de F. D. C. Willard.**

Environ 1,8 kg de notre poids provient directement des trillions de micro-organismes, bactéries et autres probiotiques qui prospèrent dans nos entrailles !

BON APPÉTIT BIEN SÛR !

DARK VADOR PÈTE UN PLOMB

La voix de Dark Vador, que tu entends en version originale, n'est pas celle de l'acteur qui portait le costume. David Prowse a d'ailleurs arrêté d'apprendre ses répliques le jour où il a appris que sa voix serait doublée en postproduction. Du coup, en tournage, il était en totale improvisation, racontant parfois des trucs qui n'avaient absolument rien à voir avec la situation. Pas évident pour les autres acteurs, qui devaient lui répondre comme s'il venait de prononcer la bonne phrase.

En 1963, l'entraîneur de l'équipe de baseball des San Francisco Giants s'est moqué d'un de ses joueurs dans la presse en s'esclaffant : « On enverra un homme sur la Lune avant que Gaylord Perry ne frappe son premier homerun. » Six ans plus tard, Gaylord réalise enfin son tout premier homerun. On est le 20 juillet 1969, et Neil Armstrong vient de poser le pied sur la Lune, il n'y a même pas une heure.

DISCRIMINATION POSITIVE MÉDIÉVALE

En Allemagne, au Moyen Âge, maris et femmes pouvaient légalement résoudre leurs contentieux de couple en se provoquant en duel. Pour compenser, les hommes devaient se battre depuis un trou, avec un bras accroché dans le dos, tandis que la femme était armée d'une besace remplie de cailloux. Comme quoi, le concept de discrimination positive a des racines très anciennes…

Vladimir Ier, grand-prince de Kiev de 980 à 1015, a dû choisir la religion officielle de la Russie médiévale. Il hésitait : convertir son peuple à l'islam ou à la chrétienté. Son choix a été vite fait quand il a appris que le Coran interdisait toute consommation d'alcool. Il aurait même déclaré « Boire, c'est la joie des Russes. On ne peut pas vivre sans ce plaisir. » Alcoolique, oui, mais au moins c'est assumé !

AMBIANCE CHEZ LES MANCHOTS

George Murray Levick était un chirurgien et zoologiste britannique faisant partie d'une expédition en Antarctique au début du XXe siècle. Il est, à ce jour, le seul scientifique à avoir étudié sur place le cycle complet de reproduction des manchots. Et ce qu'il a observé était tellement choquant pour lui qu'il a publié ces passages en grec ancien, afin que seuls les « gentlemen » puissent les comprendre. Et en effet c'est pas joli joli : pendant la période de reproduction, les manchots peuvent violer d'autres mâles, des femelles décédées, voire même des poussins qu'ils finissent souvent par tuer.

DES ÎLES PAR MILLIERS

L'Indonésie est le pays comptant le plus d'îles. On estime leur nombre à plus de 13000, même si certaines sources parlent de plus de 18000 !

EXPÉRIENCE À TESTER

Les êtres humains sont capables d'entendre la différence entre de l'eau froide et de l'eau chaude lorsque l'on fait couler le robinet. Je te jure, teste avec un proche, chez toi. Sers dans une tasse de l'eau froide, puis de l'eau bien chaude, tu seras impressionné.

DES CAFARDS MUTANTS DE L'ESPACE

L'homme a déjà rencontré des extraterrestres ! Bon ok, pas vraiment. En 2007, des cafards sont nés dans un satellite dans le cadre d'une expérience scientifique. Ils ont donc passé leur vie dans l'espace, et les résultats sont assez dingues, puisqu'on s'est rendu compte qu'ils se sont développés plus vite et sont plus résistants que leurs cousins nés sur Terre.

CHELOU

Un site web allemand propose de « louer » gratuitement un juif. Concrètement, un bénévole juif se déplacera pour parler devant une classe, dans une association culturelle ou encore devant des étudiants. Ils insistent sur le fait que ce service existe pour casser un maximum de clichés et de préjugés sur les juifs.

ET LA CONSERVE EST NÉE

À la fin du XVIIIe siècle, le gouvernement français créé un prix pour motiver des chercheurs à concevoir une invention qui permettrait de conserver de la nourriture plus longtemps. **En 1795, c'est Nicolas Appert qui imagine pour la première fois un système de stérilisation, en scellant des ingrédients dans une bouteille en verre et en la faisant bouillir afin de tuer un maximum de bactéries.** Ces ancêtres des conserves sont testés 4 mois plus tard sur un bateau de la marine nationale, qui se félicite du succès de l'opération ! Nicolas Appert reçoit alors un joli petit chèque et ouvre en 1802 à Massy la toute première usine de conserves de l'histoire.

L'ARROSEUR ARROSÉ

En 1887, Susanna Salter devient la première femme maire des États-Unis. L'anecdote insolite est qu'elle ne s'est jamais présentée ! À l'époque, n'importe qui pouvait ajouter un nom à la liste des candidats, qui n'était rendue publique que le jour de l'élection. Un groupe d'hommes hostiles aux femmes en politique a voulu lui jouer un mauvais tour. Mauvais tour qui s'est finalement retourné contre eux, puisque tout le monde en a profité pour voter pour Susanna !

TROP C'EST TROP !

Le syndrome d'excitation génitale persistante qui n'a été décrit qu'en 2001 touche principalement les femmes et entraîne une perception d'une excitation génitale très intense, sans désir sexuel ou stimulation. Heureusement, ce syndrome est très rare, mais il peut provoquer des dizaines d'orgasmes journaliers aux personnes qui en souffrent.

MIGRAINE ASSURÉE

En étudiant l'activité du cerveau pendant la résolution silencieuse d'un problème, des scientifiques se sont rendu compte que le débit de nos paroles quand « on pense » peut monter à 4000 mots par minutes !

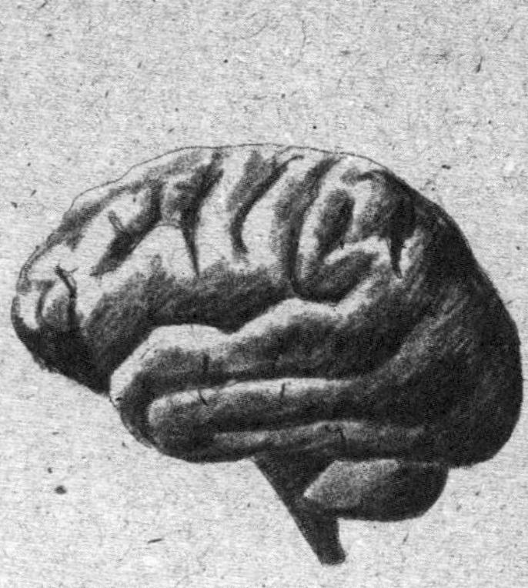

PLUS FORT QUE LE CHAMEAU

Le moloch est un petit lézard endémique du centre de l'Australie. Il vit dans des conditions désertiques extrêmes et s'est notamment bien adapté au manque d'eau. Tout un système de rainures permet de récupérer les petites gouttes de rosée qui se déposent la nuit sur son corps, les amenant vers sa bouche. Il semblerait même que sa peau puisse absorber directement de l'eau (par capillarité) lors des rares moments de pluie.

ARRÊTE OU JE TE COLLE UN PET-V

En 2008, un homme en Virginie occidentale a passé une nuit au poste pour avoir pété sur un officier de police. Ce dernier a même déposé une plainte, mais l'a retirée quelques jours plus tard.

UNE GUERRE PAISIBLE

En 1809, la ville espagnole de Huéscar a déclaré la guerre aux danois, alors alliés de Napoléon, tandis que l'Espagne soutenait les Anglais. Sauf que très vite, la ville l'a complètement oublié… pendant 172 ans ! Pas un coup de feu ne fut tiré, pas une seule victime ne fut déplorée, et ce jusqu'en 1981, quand enfin un traité de paix fut signé entre la ville et le Danemark, mettant un terme à la guerre la plus pacifique de l'histoire.

HOMMAGE SILENCIEUX

Le 4 août 1922, deux jours après le décès d'Alexander Graham Bell, le père du téléphone, toutes les lignes téléphoniques en Amérique du Nord se sont tues pendant une minute. En son hommage, ce sont donc 13 millions de téléphones qui sont restés silencieux.

ZLATAN PRÉSIDENT !

En Suède, pendant certaines élections, si tu ne veux d'aucun des candidats en lice, tu as la possibilité d'écrire le candidat ou le parti que tu aurais aimé voir. Ainsi, chaque année, des gens votent pour Zlatan Ibrahimović, Donald Duck, Jésus ou encore le parti satanique.

« SUGAR BABY LOVE »

Il existe une espèce d'araignée vivant en Amérique centrale, dont le régime alimentaire est très particulier. *Bagheera kiplingi,* en plus de tenir son nom du Livre de la jungle, consomme en grande majorité des excroissances sucrées que produisent les feuilles d'acacia. Ce n'est que très rarement que cette araignée va puiser ses nutriments dans des protéines animales.

Quand la NASA a envoyé le premier homme sur la Lune, la puissance de calcul totale de tout son matériel électronique ne dépassait pas celle du premier iPhone. Donc théoriquement, en te débrouillant bien, tu peux aller sur la Lune avec ton iPhone... théoriquement.

MAIS BIEN SÛR !

Quand la femme de Bob Hope, un très grand acteur américain, a demandé à son mari, sur son lit de mort, où est-ce qu'il souhaitait être enterré, la réponse et les derniers mots de Bob furent : « Surprends-moi. » Le panache, jusqu'au bout !

Les parents de Toutânkhamon étaient vraisemblablement frère et sœur. D'ailleurs, trois de ses tantes étaient mariées à son grand-père. Tu m'étonnes qu'il n'ait vécu que 18 ans, le pauvre...

LES BAVAROIS FIDÈLES À LEURS AUBERGES

La plus vieille brasserie du monde encore en activité se nomme Weihenstephan, se situe en Bavière (Allemagne) et opère depuis 1040. D'ailleurs, la deuxième plus vieille brasserie du monde, l'abbaye de Weltenbourg, se situe également en Bavière et est en activité depuis 1050. À 10 ans près, la tuile !

La plus petite chose jamais photographiée, c'était en 2012, et il s'agissait de l'ombre d'un unique atome d'ytterbium. Car oui, même les atomes ont une ombre.

CONCOURS DE COUCOUGNETTES

Les microcèbes sont des petits primates qui vivent sur l'île de Madagascar. La compétition entre les mâles est telle qu'ils ont développé une particularité anatomique très surprenante. Pendant la saison des amours, les testicules de ces messieurs gonflent de plus de 130 % et deviennent plus gros que leur cerveau. En même temps, le cerveau d'un microcèbe pèse à peine deux grammes…

COMPTER LES MOUTONS POUR 10 000 $

En 2007, à raison de 16 heures par jour, 7 jours sur 7, Jeremy Harper, un Américain, a mis trois mois pour compter de 0 à 1 000 000. Les internautes pouvaient le regarder en live et son action a permis de récolter 10 000 $ pour une association humanitaire.

Dans le village de Kutná Hora, en République tchèque, une petite chapelle catholique est classée au patrimoine mondial de l'Unesco pour une raison bien précise : **elle est composée d'une multitude d'ossements humains.** On estime à 40 000 le nombre de personnes dont les restes sont entreposés dans cette chapelle. Un peu glauque, non ?

LA GUERRE DES SINGES

Entre 1974 et 1978 a eu lieu la guerre de quatre ans de Gombe, qui opposait deux groupes de chimpanzés vivant dans le parc national du torrent de Gombe, en Tanzanie. Pendant cette période, plusieurs singes ont été tués, battus, et kidnappés par la faction rivale. On pense depuis que ce conflit n'était qu'une simple guerre de territoire.

LA TERRIFIANTE FÉE ÉLECTRICITÉ

Benjamin Harrison est le 23e président des États-Unis. En 1891, il fit installer l'électricité à la Maison-Blanche, mais il était s apeuré par le concept même de l'électricité que lui et toute sa famille refusaient de toucher les interrupteurs, quitte à laisser une pièce éclairée toute la nuit s'il n'y avait pas quelqu'un pour le faire à leur place.

PAS CHER

En 2014, l'Inde a réussi à mettre un satellite en orbite autour de Mars. En soi, ce n'est pas un exploit, mais ce qui est fou, c'est que la mission n'a coûté à l'Inde « que » 75 millions de dollars. À titre de comparaison, le film *Gravity,* qui se passe dans l'espace, a lui coûté près de 100 millions de dollars. Comme quoi, c'est parfois plus cher de recréer en images de synthèse du matériel spatial que d'en construire vraiment !

MIEUX QUE VENISE !

Le village néerlandais de Giethoorn ne possède ni route ni chemin. Tous les commerces et tous les logements sont reliés par un réseau de canaux fluviaux et de ponts. Ici, c'est soit la marche, soit le vélo, soit le bateau !

REVENIR PAR LA FENÊTRE

En 2009, la candidature de Jan Koum et Brian Acton pour rejoindre l'équipe de Facebook est rejetée. Quelques mois plus tard, les deux compères lancent WhatsApp, application de messagerie instantanée qui sera revendue en 2014 pour la modique somme de 19 milliards de dollars. À Facebook, bien entendu.

Au 31 décembre 1972, année record, les routes françaises avaient tué 18 034 personnes. En 2016, le chiffre est tombé à 3 469 personnes, soit une baisse de plus de 80 %.

LE RÉGIME DE LA BALEINE

Le plus gros animal du monde, la baleine bleue, se nourrit de plancton. À chaque « bouchée », la baleine filtre plus de 100 tonnes d'eau et ingère près de 500 kilos de plancton, soit presque 500 000 calories. Pour te faire une idée, en moyenne, l'homme a besoin de 2500 calories par jour.

JE T'INVITE À MA SOIRÉE HIER

Le 28 juin 2009, l'astrophysicien mondialement connu Stephen Hawking a organisé une fête ouverte à tous dans son appartement, avec hors-d'œuvre, champagne, etc. Sauf que personne n'est venu ! Tout simplement parce que Hawking n'en a fait la publicité que le jour d'après : **c'était une soirée pour les personnes disposant d'une machine à voyager dans le temps.** Il voulait prouver par cette méthode que le voyage dans le temps ne pourra jamais exister.

En Chine, dans la ville de Chongqing, il existe une piste réservée aux piétons qui utilisent leur téléphone. Comme ça, les accros du texto n'ont même plus besoin de lever la tête pour regarder où ils marchent !

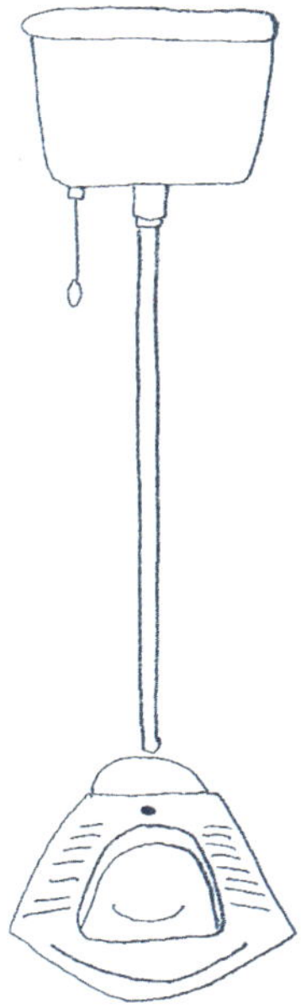

WC SANS ORIGINES FIXES

En France, on parle de toilettes turques. Mais si on pose la question à un Turc, pour lui, ce sont des toilettes grecques. Sauf que si on demande à un Grec, il te dira que ce sont des toilettes bulgares et ainsi de suite jusqu'au bout du monde. Oui, pour les Japonais, ce sont des toilettes chinoises. J'ai l'impression que personne ne veut vraiment assumer la paternité de ces toilettes !

Entre 1838 et 1960, plus de la moitié des photos existantes représentaient des nouveau-nés.

AU NOM DU PÈRE, DU FILS ET DU SAINT-ÉCROU

L'écrou de Jésus est la pièce qui maintient le rotor principal au mât de certains hélicoptères. On l'appelle écrou de Jésus depuis la guerre du Vietnam, parce que les soldats savaient que s'il arrivait quoi que ce soit à cette pièce en plein vol, la seule chose qu'il restait à faire, c'était de prier Jésus.

Très peu d'animaux arrivent à se reconnaître dans un miroir. Pour le moment, seuls les hominidés (hommes, gorilles, chimpanzés, orangs-outans, etc.), un éléphant asiatique, des dauphins, des orques et quelques oiseaux, dont des corbeaux, ont passé le test du miroir avec succès.

DES MÉDAILLÉS ARNAQUÉS

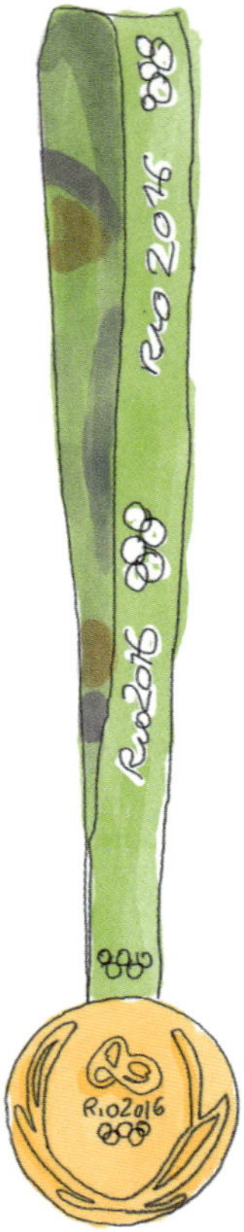

Les médailles d'or olympiques portent très mal leur nom. En fait, c'est un mélange de plusieurs métaux, avec notamment 93 % d'argent, contre 1 % d'or seulement. Elles coûtent aujourd'hui environ 600 $ à produire – si elles n'étaient constituées que d'or pur, cette valeur atteindrait les 25000 $!

L'astate est l'élément chimique naturel le plus rare sur la planète. Étant radioactif, on estime qu'il n'en existe pas plus d'un gramme dans toute la croûte terrestre, à un moment T. C'est pas beaucoup.

11 KM SOUS LES MERS

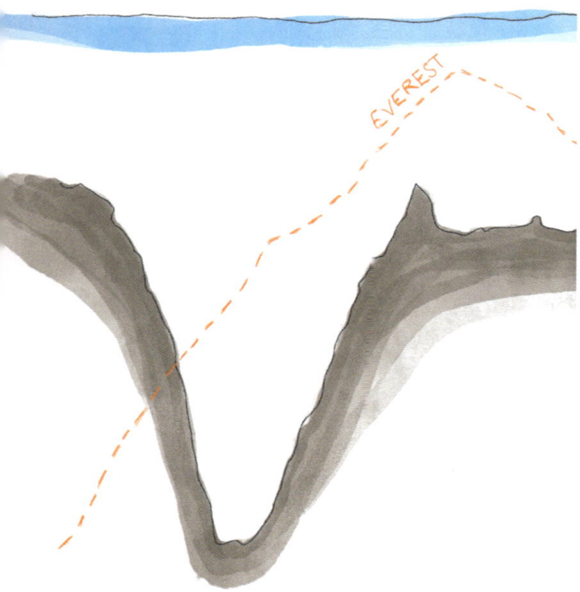

Le point le plus profond jamais mesuré dans les océans est situé dans la fosse des Mariannes, s'appelle le Challenger Deep et se trouve pratiquement à 11 km sous l'eau. La pression au fond est si forte qu'on pensait qu'aucune forme de vie ne pouvait y exister. Mais en 1960, deux hommes firent la descente dans un sous-marin spécialement conçu pour l'occasion et observèrent deux petites crevettes et un poisson plat. Depuis, seul le cinéaste James Cameron est retourné au fond de cette fosse. Pour comparer, douze hommes ont marché sur la Lune, mais seulement trois sont allés au fond de la fosse des Mariannes !

QUESTION DE RESPECT

Lors d'expériences, il a été montré que les macaques rhésus mâles sont prêts à « payer » pour pouvoir regarder des photos de fessiers de macaques femelles. Ils « paîeraient » également pour voir des photos de singes ayant un haut « statut » dans leur groupe. Une question de respect, j'imagine.

TROLL NOIR

Il existe plein de manières de hacker ou de troller quelqu'un. En 2014, le groupe des *Anonymous* a envoyé plusieurs milliers de fax, entièrement noirs, à plusieurs antennes de l'église de scientologie, dans le seul but de leur faire vider un maximum de cartouches d'encre.

BIENVENUE DANS UN MONDE MERVEILLEUX

Une étude organisée par l'université de York en 2008 prétend qu'en moyenne, les entreprises pharmaceutiques dépensent 24,4 % de leur budget en communication et en promotion contre seulement 13,4 % pour de la recherche et du développement.

LES CHARTERS DANS LE BON SENS

Depuis quelques années, les autorités hawaïennes offrent des allers simples en avion vers le continent américain à tout SDF qui a de la famille sur place. L'opération est bénéfique pour tout le monde : les personnes peuvent retrouver leur famille et l'archipel réduit son taux de sans domicile fixe.

UNE PEUR ANCESTRALE

Le koro est un syndrome médical très particulier. Observé essentiellement en Afrique et en Asie, il s'agit d'une crise d'angoisse provoquée par la conviction que le malade est en train de perdre son pénis, qui se rétracte dans l'abdomen avant de disparaître. Et le pire, c'est qu'il y a des épidémies de koro qui causent des effets de panique collective ! Ce syndrome est très ancien puisque des épidémies de koro sont signalées dans un texte chinois du IIIe siècle av. J.-C. Plus récemment, une épidémie a été déclarée en 1967 à Singapour.

DEPUIS 2016, L'UNIVERSITÉ D'OXFORD ET GOOGLE TRAVAILLENT SUR UNE INTELLIGENCE ARTIFICIELLE qui est capable de lire sur les lèvres. Après quelques tests, elle surpasse déjà tous les professionnels de lecture sur lèvres, ça promet pour le futur !

MORTEL PASSE-TEMPS

On a tendance à penser que la pêche est quelque chose de très tranquille et inoffensif, mais ce cliché ne vaut que pour la pêche en amateur... Au contraire, **dans la sphère professionnelle, les pêcheurs pratiquent l'un des métiers les plus dangereux au monde.** Une étude américaine menée en 2008 s'est intéressée à la mortalité des différents métiers et le résultat parle de lui-même : alors que les routiers ou encore les mineurs ne dépassent pas le taux de mortalité de 35 pour 100 000, chez les pêcheurs, ce chiffre grimpe jusqu'à 129 pour 100 000.

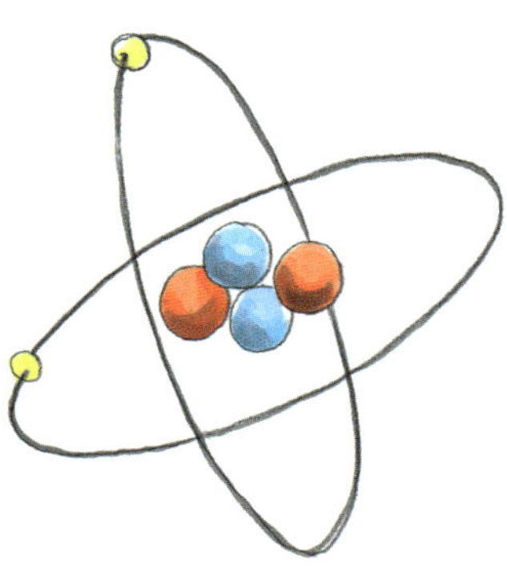

L'hélium est le seul élément chimique qui a été découvert dans l'espace avant d'être découvert sur Terre.

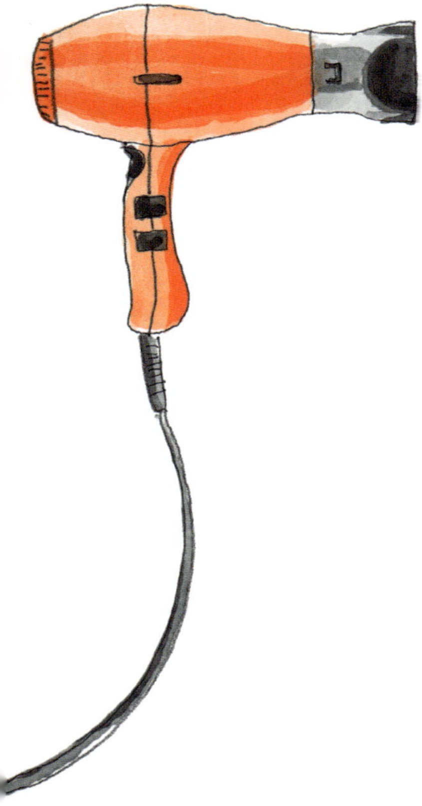

La baïonnette, le sèche-cheveux, l'ascenseur, le crayon, l'allumette, le moteur V8 ou encore la sauce Béchamel ont en commun d'être des inventions françaises.

UN PARI JUTEUX

Alors qu'il rendait une visite à son copain Steven Spielberg, sur le tournage de Rencontres du troisième type, George Lucas était persuadé que son futur Star Wars marcherait beaucoup moins bien que le film de Spielberg... Ce dernier pensait le contraire. Les deux réalisateurs ont donc parié, et pas qu'un peu : 2,5 % des profits de leurs films respectifs. Aujourd'hui encore, Spielberg touche chaque année ses 2,5 %...

FUTUR FRUIT DU PASSÉ... OU L'INVERSE ?

Pendant des fouilles en Israël, en 1964, des archéologues mirent à jour une vieille jarre contenant quatre petites graines de palmier. Ces graines furent conservées pendant près de 40 ans quand, en 2005, une scientifique décida de les planter. Une seule germa. Le palmier mesure aujourd'hui plus de deux mètres et est le seul représentant de son espèce, éteinte depuis des centaines d'années. Avec des croisements génétiques, les scientifiques espèrent pouvoir produire des fruits d'ici 2022. Tu imagines goûter un truc pareil ?

TOUT LE MONDE POSSÈDE UNE EMPREINTE DE LANGUE UNIQUE, EXACTEMENT COMME LES EMPREINTES DIGITALES.

LE SON INFINI

La plus longue performance musicale de l'Histoire est toujours en cours en ce moment même, dans l'église de Saint-Burchardi à Halberstadt, en Allemagne. On y entend le son d'un orgue sans discontinuer. La performance a démarré le 5 septembre 2001 et n'est pas censée se terminer avant l'année 2640. Donc ne t'inquiète pas, tu as le temps d'aller la voir et l'écouter.

LE BON SOLDAT

Pendant la guerre du Vietnam, un sniper américain a rampé en terrain ennemi pendant 4 jours et 3 nuits, sur une distance de 1,3 km, pour abattre discrètement un haut officier ennemi. Il lui fallut encore 3 jours pour revenir sur ses pas sans se faire repérer.

Depuis plusieurs années, des rats géants sont entraînés pour détecter des mines terrestres. Ils sont d'une efficacité redoutable.

ATMOSPHÈRE SOUS PRESSION

Les usines agroalimentaires disposent de salles de production à atmosphère maîtrisée. La pression à l'intérieur de la pièce est plus forte qu'à l'extérieur afin d'empêcher les microbes d'y pénétrer.

Un smartphone vide avec 32 Gb de stockage pèsera environ 0,000 000 000 000 000 008 gramme de plus quand sa mémoire sera pleine.

SPÉCIALITÉ CULINAIRE...

La Casu Marzu est un fromage de Sardaigne très, très spécial. Ce fromage contient des milliers d'asticots vivants... Et ces asticots peuvent même sauter sur une distance d'une dizaine de centimètres, il est donc conseillé, en mangeant du Casu Marzu, de se protéger avec la main pour ne pas recevoir d'asticots dans les yeux... Et crois-moi ou pas, c'est un mets très réputé en Sardaigne.

4000 TONNES DE FRITES sont vendues chaque jour dans tous les restaurants McDonald's du monde, soit environ 1,5 million de tonnes par an.

LE GRAND MIX POST 1492

Avant la « découverte » de l'Amérique par Christophe Colomb et les échanges biologiques intercontinentaux, il n'y avait pas de bananes au Venezuela, pas de courgettes en Espagne, pas d'ananas à Hawaï, pas de manioc en Afrique, pas de cigarettes en France, pas de chocolat en Suisse, pas de pigeons aux États-Unis, ou encore pas de piment au Laos.

CASCADE SANGUINOLENTE

Il existe un glacier découvert en 1911 en Antarctique oriental appelé *Blood Falls*, littéralement, les cascades de sang. Et pour cause, ce glacier déverse régulièrement un petit torrent de liquide rouge, qui ressemble à s'y méprendre à du sang. Mais pas de panique, il ne s'agit que d'une coulée d'oxyde de fer.

LA SUÈDE A MIS EN PLACE DES EXONÉRATIONS D'IMPÔTS pour inciter les gens à réparer leurs affaires au lieu de les jeter, et ce, dans beaucoup de domaines : vélos, vêtements, frigos ou encore machines à laver.

PUBERTÉ TARDIVE

Le requin du Groenland serait le vertébré capable de vivre le plus longtemps, jusqu'à 400 ans pour certains spécimens. La maturité sexuelle intervient autour des 150 ans de l'animal. Faut être patient si t'es en manque.

LE MARATHON DE LA VIE

L'Organisation mondiale de la santé (OMS) a estimé en 2015 qu'en moyenne, on effectue 7500 pas par jour, soit environ 2190 kilomètres par an. Si on reporte ça à une vie de 80 ans, ça représente 175200 kilomètres soit plus de quatre fois le tour du globe, au niveau de l'équateur !

L'HABIT NE FAIT PAS LE MOINE

À la fin des années 50, Robert Lane, un New-Yorkais, a appelé ses deux derniers fils Winner et Loser (soit « gagnant » et « perdant » en anglais). Une fois adultes, Loser a rejoint les forces de l'ordre, devenant lieutenant dans la police, tandis que son frère aîné Winner a fait de nombreux séjours en prison, pour braquages et violences… Tout le contraire de ce qui semblait prédestiné !

LE TIR AUX PIGEONS VIVANTS, LE TIR À LA CORDE, LA CORDE LISSE OU ENCORE LE SAUT SANS ÉLAN ÉTAIENT TOUTES DES ÉPREUVES SPORTIVES PRÉSENTES LORS DE DIFFÉRENTES ÉDITIONS DES JEUX OLYMPIQUES.

UNE ROUGEOLE MEURTRIÈRE

En 1874, les îles Fidji deviennent une colonie britannique. Pour officialiser cela, le roi fidjien Seru Epenisa Cakobau se rend en Australie. Sur place, lui et ses hommes attrapent la rougeole. Ils rapportent donc cette maladie sur l'archipel : 40 000 personnes meurent dans l'année des suites de l'épidémie, soit près d'un tiers de la population du pays !

UN ESCROC DE LÉGENDE

Emmanuel Nwude est un escroc nigérian de très haut niveau. Parmi ses faits de « gloire », il a réussi à vendre un faux aéroport pour 242 millions d'euros à une banque brésilienne, dont 191 millions en liquide. Pour couronner le tout, le pot aux roses n'a été découvert que trois ans plus tard !

Harrison Ford a touché 10 000 $ pour son rôle de Han Solo dans *Star Wars 4 – Un nouvel espoir* en 1977. Quarante ans plus tard, le cachet pour son rôle dans *Star Wars 7 – Le réveil de la force* atteignait les 20 000 000 de dollars.

BIEN ÉQUIPÉE. La femelle kangourou possède deux utérus et trois vagins.

RADIOACTIFS

Tu le sais sûrement, Pierre et Marie Curie sont principalement connus pour leurs travaux sur la radioactivité. Leurs carnets sont à l'heure actuelle encore hautement radioactifs. Les chercheurs qui souhaitent les étudier doivent suivre un ensemble de précautions, détaillées dans un protocole, et signer un document par lequel ils attestent avoir pris connaissance des risques auxquels ils s'exposent.

Selon une étude, nous ne naissons qu'avec deux peurs. La peur de la chute et la peur des sons forts. Celles-ci sont innées, mais toutes nos autres peurs sont acquises.

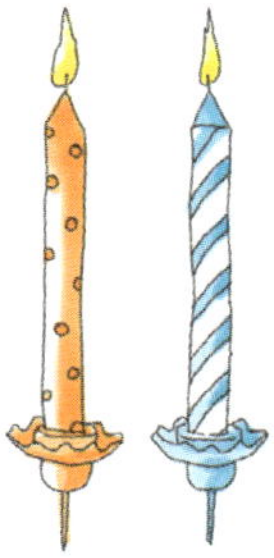

DES JUMELLES À 3 MOIS PRÈS

Kate et Amy Elliott sont deux sœurs jumelles, mais elles ne partagent pas du tout le même jour d'anniversaire. En effet, Kate est née 87 jours après sa sœur jumelle. C'est le record de la plus longue période entre les naissances de deux jumeaux/jumelles.

Le record de vitesse aquatique a été battu en 1978 par le Spirit of Australia, un bateau qui a atteint les 511 km/h. Depuis, aucun véhicule nautique n'a dépassé ce seuil.

L'ORGUE DE L'ENFER DES CHATS

L'orgue à chats, inventé au XVIe siècle, est un « instrument de musique » très très particulier, et surtout très cruel. Il consiste en un clavier où chaque touche est reliée à la queue d'un chat, lui-même enfermé dans une cage. Les chats sont classés selon la tessiture de leur miaulement. En appuyant sur une des notes, cela actionnait un mécanisme qui tirait sur la queue du chat. Dans certains cas extrêmes, un clou se plantait à chaque note dans la queue du malheureux, qui criait alors de douleur.

UN TUBE DE VENT

En 2014, Taylor Swift a accidentellement publié un nouveau morceau sur iTunes. **Il s'agissait de 8 secondes de bruit blanc,** téléchargeable pour 1,29 $. Avant d'être supprimée de la plateforme, cette bourde a été nº 1 des téléchargements iTunes au Canada pendant toute une demi-journée !

UN CŒUR COURAGEUX

Au cours d'une vie moyenne, le cœur humain pompe suffisamment de sang pour remplir à ras bord 3 pétroliers. En tout, c'est en moyenne 210 millions de litres de sang que ton cœur pompera au cours de ton existence...

Durant l'antiquité, les Romains se lavaient et se blanchissaient les dents avec de l'urine. Apparemment, ça marche plutôt bien !

UN TRÈS MAUVAIS CHOIX DE BOUC ÉMISSAIRE...

André le Géant (catcheur français de 2,24 m et 235 kg) s'est retrouvé un jour dans un bar à Montréal, où quatre mecs un peu ivres ont commencé à se moquer de lui. Au bout d'un moment, André en a eu marre et s'est dirigé vers les quatre compères, qui se sont enfuis sur le parking, et se sont retranchés dans une voiture. André a alors tout simplement retourné la voiture sur le toit, les quatre hommes toujours à l'intérieur...

UNE VICTOIRE FATALE

En 1923, le jockey Frank Hayes a gagné une course de chevaux au Belmont Park de New York, alors qu'il était mort... En effet, il a succombé d'une crise cardiaque à mi-course, mais son corps est resté en place sur la selle jusqu'à que ce son cheval franchisse la ligne d'arrivée, en première position.

UN CHOUETTE TYPE

Le mot « boycott » vient du patronyme de Charles Cunningham Boycott, un riche propriétaire terrien anglais tellement détesté que les fermiers qui vivaient sur ses terres ont organisé un blocus pour réclamer de meilleures conditions de vie. Ils ont « boycotté » le travail.

L'allumette a été inventée par un Français en 1805 (avant l'invention du briquet, bien sûr, qui date de 1874 !).

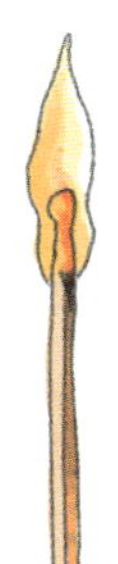

DE LA VIE SUR EUROPE ?

La plupart des astronomes et des biologistes considèrent qu'à l'heure actuelle, notre meilleure chance de découvrir une vie extraterrestre se trouve sur Europe, une des lunes de Jupiter. La surface de cette lune est recouverte par une épaisse couche de glace, mais il y aurait sous cette couche un gigantesque océan.

ÉMANCIPATION TRÈS PROGRESSIVE

Jusqu'à la loi du 13 juillet 1965, qui a réformé les régimes matrimoniaux, un employeur pouvait requérir l'autorisation du mari pour embaucher une femme mariée. Grâce à cette loi, les femmes mariées eurent également le droit de détenir un compte bancaire en leur nom propre

UNE IDÉE BRILLANTE

En 1883, des mangoustes ont été introduites à Hawaï afin de lutter contre la prolifération des rats sur l'archipel. Sur le papier, c'est une bonne idée, la mangouste étant un mammifère carnivore qui se nourrit notamment d'autres petits mammifères. Le seul souci est que les mangoustes sont des animaux diurnes, alors que les rats sont plutôt nocturnes. De nos jours, l'archipel a toujours son problème de prolifération de rats, mais également celui de prolifération de mangoustes !

POISSON D'AVRIL RADIOPHONIQUE

Le 1er avril 1976, l'astronome amateur britannique Patrick Moore a lancé un énorme poisson d'avril à la radio : à 9 h 47, Pluton et Jupiter s'aligneraient et ce phénomène risquerait de réduire l'impact de la gravité sur Terre. Peu après 9 h 47, la BBC a reçu des centaines d'appels de gens ayant ressenti ou cru ressentir ces effets.

BBC

DU RACISME ORDINAIRE

Les startups et entrepreneurs nigérians ont pris l'habitude de dissimuler, voire carrément de changer leurs adresses IP avant de contacter des clients ou des investisseurs étrangers… L'idée étant d'empêcher qu'ils ne connaissent trop vite l'origine de l'entreprise, à cause de la réputation d'arnaqueurs qu'ont les Nigérians sur le web.

D'après une étude de 2009, à peu près un tiers des personnes qui utilisent des sites de rencontres pour célibataires sont en fait mariées, et la majorité d'entre eux sont des hommes.

PAS TOUCHE AU ZIZI

Un « réducteur de sexe » est un sorcier qui, d'après certaines croyances d'Afrique de l'Ouest, aurait la capacité de réduire la taille ou de faire disparaître le pénis des hommes qu'il touche. Cette légende semble dater de 1997 et viendrait de Bamako, au Mali. Plusieurs incidents ont déjà eu lieu à cause de cette croyance. Typiquement, si un homme a l'impression que son sexe a changé de taille après un contact avec un inconnu, il pourra dénoncer ce dernier et créer ainsi un mouvement de foule très dangereux. Ces différents mouvements de panique auraient déjà fait près de 300 morts et plus de 3000 blessés.

SEAN PAS COMPRENDRE

Avant de se tourner vers Ian McKellen, Peter Jackson avait proposé le rôle de Gandalf à Sean Connery, mais la légende écossaise a refusé de participer au tournage du *Seigneur des anneaux*. La raison, il l'a donnée publiquement après la sortie du premier film : « J'ai lu le livre. J'ai lu le script. J'ai vu le film. Eh ben, j'ai toujours rien compris. »

HOMMAGE AUX RONGEURS

À Novossibirsk, en Russie, la statue d'une souris à lunette tricotant un morceau d'ADN est érigée à côté de l'institut de cytologie et de génétique. Ce monument rappelle que, sans les expériences sur les rongeurs, la science n'aurait pas pu se développer autant, ni aussi rapidement.

UNE EXPRESSION PAS FRANCHEMENT APPROPRIÉE

Plus de 200 000 autruches ont été observées pour une étude, sur une période de 80 ans. Et on ne recense absolument aucun cas d'autruche fourrant sa tête dans le sol… Voilà, cadeau, un excellent moyen de détourner la conversation quand quelqu'un te reproche de « faire l'autruche » !

LES MOYENS DU BORD

Les plus vieux préservatifs retrouvés par des archéologues datent du XVIIe siècle et étaient faits à partir d'intestins d'animaux divers (agneaux, poissons, etc.).

En 2012, les activités économiques de la mafia italienne représentaient environ 7 % du PIB du pays tout entier.

ASCENSION CANINE

De 1981 à 1994, le maire de Sunol, une petite ville de Californie, était un labrador nommé Bosco. **Le chien a été élu démocratiquement, malgré deux autres candidats, humains eux…** Chaque année, Bosco menait la parade communale, arborant son écharpe de maire autour du cou. Il a laissé un si bon souvenir aux 1500 habitants de la ville qu'en 2008, une statue en son honneur a été inaugurée.

LE PARADIS DES COCHONS

Dans l'archipel des Bahamas, il existe une île inhabitée par les humains, mais entièrement peuplée de cochons sauvages. Ces cochons sont spéciaux, car ils descendent de cochons domestiqués qui sont redevenus sauvages. L'île aux cochons en abrite une trentaine, et personne ne sait pourquoi ils sont là… Autre info sympathique : au fil des années, tous ces cochons ont appris à nager, un comportement qu'on ne voit pas chez nos cochons domestiqués ! Malheureusement pour eux, cette spécificité entraîne maintenant des hordes de touristes…

LA BASE DE LA BASE

En janvier 2011, un sondage auprès de plus de 1600 Russes a révélé qu'environ un tiers d'entre eux pense que le Soleil tourne autour de la Terre, et non l'inverse… Mais ce n'est pas tout : 29 % sont persuadés qu'avant leur extinction, les dinosaures ont cohabité avec nos ancêtres humains.

SELON UNE ÉTUDE, LA TÉLÉCOMMANDE EST L'OBJET LE PLUS SALE QU'ON TROUVE DANS UNE MAISON, UNE CHAMBRE D'HÔTEL OU D'HÔPITAL.

LE MEILLEUR DU PIRE

Monaco est le pays qui compte le plus de participations aux Jeux olympiques (20 aux Jeux d'été et 9 aux Jeux d'hiver) sans jamais décrocher la moindre médaille.

IL Y A PLUS DE RESTAURANTS DE CUISINE INDIENNE À LONDRES QU'À NEW DELHI, LA CAPITALE DE L'INDE

NOIR C'EST NOIR

Une équipe de chercheurs a créé en 2014 le « Vantablack », une substance qui utilise les nanotechnologies pour absorber 99,965 % des radiations dans le spectre de la lumière visible... Il s'agit donc de la matière la plus noire que l'on ait observée jusqu'alors.

PARESSEUX MAIS LÈVE-TÔT

Tous les 27 juillet en Finlande, c'est la « Journée nationale des paresseux ». Pourtant, ce jour-là, tout le monde met son réveil aux aurores. Et pour cause, à l'époque, la tradition voulait que le dernier de la maison à se lever se fasse jeter dans un lac ou dans la mer par le reste de sa famille !

PHELPS D'OR

Avec 23 médailles d'or en quatre participations aux Jeux olympiques, si Michael Phelps était un pays, il serait grâce à son seul palmarès 39e au classement olympique des nations. Et encore, je n'ai compté là que ses médailles d'or.

IL FAUT SIX MOIS POUR FABRIQUER UNE ROLLS ROYCE
ET 13 HEURES POUR FABRIQUER UNE TOYOTA.

ANTI-PUB

Un homme en Angleterre a changé son nom en Tim Pppppppppprice pour le rendre virtuellement imprononçable, et dissuader les télémarketeurs de l'appeler. Solution un peu radicale mais efficace !

ÉCONOMIE

C'est Charles de Gaulle, en 1959, qui modifia la tradition des 101 coups de canon tirés pendant les funérailles des rois : lors de l'investiture du président de la République française, on n'en tire désormais plus que 21. Et le pourquoi du 21, eh bien ce n'est pas très clair, mais ça vaut toujours mieux que 101…

ÉCHEC SCOLAIRE

En Arménie, tous les enfants de plus de 6 ans suivent des cours d'échecs à l'école. Ce jeu est depuis 2011 une matière obligatoire dans le programme de l'éducation nationale arménienne.

Dans l'espace, les larmes des astronautes ne coulent pas le long de leurs joues, car il n'y a pas de gravité. L'eau s'amasse généralement sous la paupière inférieure.

L'humanité a placé un homme sur la Lune (1969) plusieurs années avant de penser à placer des roulettes sous les valises (1972).

RAPTÉ PAR LES EXTRATERRESTRES

En 1969, un musicien peu connu, du nom de Jim Sullivan, a publié un album intitulé U.F.O. (OVNI en anglais), qui contenait des chansons qui parlaient d'enlèvements par des aliens. Six ans plus tard, Sullivan disparut complètement des radars, sans laisser aucune trace. La seule chose qu'on n'ait jamais retrouvée de lui, c'est sa voiture, abandonnée dans un ranch du Nouveau-Mexique, avec tous ses papiers, sa guitare, et une boîte d'albums invendus à bord.

LE VENTRILOQUE DE SAN FRANSISCO

En 1993, la ville de San Francisco a tenu un référendum unique au monde. Les habitants devaient décider si Bob Geary, un officier de police ventriloque, avait ou non le droit de patrouiller en compagnie de sa marionnette nommée Brendan l'intello. Résultat des courses, Bob et Brendan ont gagné, et ont sillonné les rues de San Francisco jusqu'à leur retraite il y a quelques années.

UN GARDIEN DÉVOUÉ...

En 2012, un gardien de zoo en Chine s'est retrouvé à devoir lécher l'anus d'un jeune singe pendant une heure, dans le but de lui sauver la vie. Le singe avait mangé des cacahuètes et était dangereusement constipé, tout en étant trop petit pour supporter des laxatifs. Le léchage d'anus était la seule solution...

UNE PLUIE DE DÉBRIS SPATIAUX INOFFENSIVE

En ce moment même, il y a approximativement plus d'un demi-million de débris spatiaux d'une taille supérieure à 1 cm, en orbite basse autour de la Terre. Occasionnellement, l'un de ces débris peut rentrer dans l'atmosphère, et s'il ne se consume pas dans le processus, il peut se crasher sur la surface. En 2010, le chef du bureau sur les débris spatiaux à l'Agence Spatiale européenne a calculé la probabilité de recevoir un de ces débris sur la tête. Rassure-toi, pas besoin d'investir dans un parapluie en kevlar, d'après lui il y a une chance sur 100 milliards d'être gravement blessé par un débris spatial au cours d'une année...

L'UNIVERSITÉ D'OXFORD, en Angleterre, a été fondée en 1096 ap. J.-C. Elle est si ancienne qu'elle a vu naître et mourir l'empire mongol (1206-1368) ou encore l'empire aztèque (1428-1521).

UN BIDE TOTAL

Pendant un temps, en 2011, il était possible de louer le Liechtenstein entier, pour la modique somme de 70 000 $ la nuit. Et pour la peine, tu avais droit à tout plein de p'tits trucs sympas : le nom des rues customisé selon tes envies, une cérémonie pour te remettre la clé symbolique du pays, ou encore une dégustation de vin avec le prince Hans-Adam II… et malgré tout ça, ce fut un bide total. **Personne n'a jamais loué le Liechtenstein !** Il y a bien Snoop Dog qui aurait essayé, mais il a été recalé…

L'humain moyen cligne des paupières environ 8 fois par minute, soit 11 506 fois par jour, 4 200 000 fois par an, et environ 335 millions fois dans une vie.

ASCENSION SOCIALE CANINE

Rintintin (1918-1932) est l'un des animaux les plus connus de l'histoire du cinéma hollywoodien. En 1918, Lee Duncan, un soldat, repère des chiots livrés à eux-mêmes dans un village français détruit par la guerre. Les chiots sont distribués parmi les soldats de son unité et Duncan en garde deux, un mâle, Rintintin, et une femelle, Nanette. Après la guerre, Nanette meurt, pendant le trajet retour de Duncan. Rintintin, lui, se fait repérer par un producteur de films qui propose à Duncan de faire jouer son chien dans un film. La suite, on la connaît : 27 films hollywoodiens pour le berger allemand, une étoile sur le célèbre Walk of Fame et une notoriété internationale. Comment passer de chiot abandonné dans un village perdu de France à star planétaire.

DU DROIT DES FEMMES...

Jusqu'en 1975, la loi prévoyait que, pour une femme, l'adultère était passible d'un emprisonnement de trois mois à deux ans, tandis qu'un homme ne risquait qu'une simple amende, et seulement s'il amenait sa concubine au domicile conjugal.

Benito Mussolini a été exclu de son école à l'âge de 10 ans parce qu'il avait poignardé un de ses compagnons de classe. Il a recommencé dans l'école suivante. Il y a des signes qui ne trompent pas...

TROP DE VITAMINES !

Si tu manges ne serait-ce que 50 grammes du foie d'un ours polaire au cours d'un même repas, tu as de fortes chances de ne plus jamais avoir d'autres repas. Le foie d'un ours polaire est très toxique à cause de la quantité astronomique de vitamine A qui s'y trouve. Bon, après, je ne sais pas dans quelles circonstances tu pourrais être amené à manger le foie d'un ours polaire, mais au moins tu es au courant !

MARKETING DE GÉNIE

À Singapour, Autobahn Motors se démarque des concessionnaires concurrents en proposant ses voitures de luxe à la vente dans un immeuble aux fenêtres de verre, qui ressemble à un distributeur géant de voiture !

LA VIE SECRÈTE DES PARESSEUX

De la mousse et de petits végétaux peuvent pousser dans la fourrure des paresseux, à cause de leur lenteur. De plus, leur vue est particulièrement mauvaise et il arrive (rarement quand même !) qu'un paresseux attrape son propre bras, pensant que c'est une branche, et tombe d'un arbre dans une chute parfois mortelle.

GASPIPILLAGE

En 2011, un étudiant bourré a été filmé en train d'uriner dans un énorme réservoir d'eau potable dans la ville de Portland, aux États-Unis. En réponse, les autorités ont décidé de vidanger l'intégralité du réservoir, soit plus de 140 millions de litres d'eau gaspillés, pour un pipi…

SACRÉ BARBÈS !

Le quartier de Barbès à Paris tire son nom d'Armand Barbès (1809-1870). Il a eu une vie très tumultueuse : né en Guadeloupe, républicain (donc opposé à la monarchie), il est successivement condamné à mort, gracié, élu député de l'Aude (son mandat dure moins d'un mois), condamné à la perpétuité, gracié, puis exilé (volontairement) aux Pays-Bas, où il décède. C'est Victor Hugo qui œuvra pour lui éviter la peine de mort.

SELF-DÉFENSE

En 2012, un Russe de 44 ans nommé Alexandre Kirilov s'est fait sectionner la moitié de son pénis par un raton laveur, après avoir essayé d'avoir des rapports sexuels avec lui. Alexandre avait (beaucoup trop) bu avec ses amis, et ils trouvaient ça drôle de violer la petite bête... le raton laveur, beaucoup moins. Au moins, il ne risque pas de recommencer.

ÉTUDE À LA CON

En 2011, une étude a mesuré qu'une télécommande perdue avait presque une chance sur deux d'être coincée entre les coussins du canapé. Dans 4 % des cas, la télécommande est retrouvée dans un frigo ou un congélateur, et dans 2 % des cas, elle est carrément retrouvée dans la voiture.

ÉLÉMENTAIRE, CHER NEUTRINO

Le neutrino est une particule élémentaire très particulière. Elle n'a quasiment aucune masse, ce qui fait qu'elle se déplace à une vitesse extrêmement proche de celle de la lumière... En plus, le neutrino n'interagit pas avec la matière, il passe à travers sans aucun souci. D'ailleurs, chaque seconde, chaque centimètre carré de notre peau est bombardé par 65 milliards de neutrinos qui passent à travers notre corps sans qu'on s'en rende compte.

EN MOYENNE, UN CHEVEU HUMAIN PEUT SUPPORTER UN POIDS DE 85 GRAMMES. Ce n'est pas énorme par rapport à de la soie d'araignée par exemple, mais quand même, c'est pas mal !

LES POMPIERS DU FUTUR ?

Viet Tran et Seth Robinson, deux étudiants ingénieurs américains, ont inventé en 2015 un outil permettant d'éteindre des incendies, rien qu'avec du son, et plus précisément de très basses fréquences.

PAUVRE CHURCHILL !

Dans un sondage effectué en 2008 sur les adolescents et adolescentes britanniques, 58 % d'entre eux pensent que Sherlock Holmes a vraiment existé, tandis que 20 % croient que Churchill est un personnage fictif.

PETIT APÉRO…

Le Nabuchodonosor est une bouteille (souvent de champagne) qui contient 15 litres (l'équivalent de 20 bouteilles de 0,75 litre). Ce nom est tiré d'une dynastie de rois babyloniens.

À TABLE

Les Français passent beaucoup de temps à table, en moyenne 2 h 15 (135 minutes) par individu et par jour. C'est devant les Italiens (114 minutes), les Japonais (117 minutes) et les Néo-Zélandais (130 minutes), mais tout de même loin derrière les Turcs (165 minutes), qui sont encore plus gourmands que nous.

UNE INVASION PITCHOUNETTE

En mars 2007, la Suisse a envahi son petit pays voisin, le Liechtenstein. Mais bon… c'était sans le faire exprès. Ce sont 170 soldats de l'infanterie suisse qui se sont un peu paumés non loin de la frontière, et qui l'ont traversée sans s'en rendre compte, pénétrant le territoire du Liechtenstein sur plus d'un kilomètre avant de comprendre leur erreur… Les soldats avaient des fusils d'assauts, certes, mais ils n'étaient pas chargés. On a vu plus badass comme invasion… Pour te dire, les autorités du Liechtenstein n'ont rien remarqué, et ne l'ont appris que le lendemain quand les Suisses les en ont informés… Après (pas beaucoup de) réflexion, le Liechtenstein a décidé de ne pas répliquer… En même temps, ce pays n'a pas d'armée, c'était vite vu !

MORT À LA NOIX

Une noix de coco, un bouchon de champagne, un distributeur automatique, une échelle… Le point commun entre tous ces objets ? Statistiquement, ils tuent plus d'humains chaque année que les requins ! Eh oui, chaque année, environ 13 personnes meurent écrasées par un distributeur…

UN CROCO À LA MAISON-BLANCHE

Le président américain Quincy Adams (président de 1825 à 1829) hébergeait son crocodile de compagnie à la Maison-Blanche. Il logeait dans une salle de bain de l'aile est. Ce crocodile était un cadeau du Marquis de Lafayette.

Dans la caserne de pompiers de Livermore en Californie brille une ampoule qui est plus que centenaire. Elle a été installée en 1901 et fonctionne parfaitement depuis. Elle n'a été éteinte qu'à quelques rares occasions.

SAUTE-BÉBÉ

Chaque année, au début de l'été, un festival très étrange a lieu dans le village de Castrillo de Murcia, dans le centre nord de l'Espagne. Pendant le festival, appelé El Colacho, **les hommes s'habillent en diable et sautent par-dessus des bébés venus au monde depuis le précédent Colacho.** Cette tradition est censée « purifier » les nouveau-nés. La coutume remonte au XVIIe siècle, et était pratiquée un peu partout en Espagne, avant de disparaître petit à petit. Les habitants de Castrillo de Murcia en sont parmi les derniers représentants.

VOUS AVEZ DIT CHASTE ?

Élu en 1492, le pape Alexandre VI, de son vrai nom Rodrigo de Borja, était déjà père d'au moins six enfants, nés hors mariage, alors qu'il était prêtre.

DE L'OR ET DE L'EAU

On estime qu'il y aurait environ 20 millions de tonnes d'or dans les océans. Ça fait beaucoup, non ? Oui et non. L'or est tellement dissous que, si on fait quelques conversions, on se rend compte que pour obtenir un gramme d'or (36 € au moment où j'écris ces lignes), il faudrait « filtrer » presque 77 millions de litres d'eau, soit 30 piscines olympiques. Je ne suis pas sûr de la rentabilité du truc !

UN SYSTÈME DE DÉFENSE SANGLANT

Le crapaud cornu (*Phrynosoma cornutum*) n'est pas un crapaud, mais un lézard originaire d'Amérique du Nord. Si je te parle de lui, c'est parce que ce petit reptile a une capacité plutôt stylée. **Il peut augmenter sa pression sanguine au point de pouvoir projeter du sang depuis ses yeux, à une distance d'un mètre et demi.** Il utilise ce mécanisme très spécial pour aveugler les prédateurs qui s'intéressent un peu trop à lui !

T'AS LE CERVEAU GRAS, BABY

Notre cerveau est en moyenne composé à 60 % de gras, ce qui en fait l'organe le plus gras du corps ! Celui-ci a une fonction spécifique : il isole les cellules des impulsions nerveuses, comme une gaine autour de fils électriques.

Un peu plus de la moitié des personnes sur Terre meurent sans jamais avoir vu de neige de leurs propres yeux.

LE PLEIN BIEN VIDE...

Les atomes, qui sont donc les éléments constitutifs de la matière, sont en immense majorité du vide. En fait, les électrons et le noyau ne représentent que 0,0001 % du volume d'un atome. Les 99,9999 % restants, bah c'est du vide... Et malgré ça, la matière est belle et bien solide !

L'EMBOUTEILLAGE DE L'ENFER

En août 2010 s'est formé sur la route nationale chinoise n°10 un des pires embouteillages jamais recensé. Il s'étendait sur une centaine de kilomètres, et, surtout, il a duré plus de dix jours ! Au pire de la congestion, les voitures ne pouvaient avancer que d'un kilomètre par jour, et certains automobilistes n'avaient progressé que de 10 km quand le bouchon a commencé à disparaître.

PIÈCE RARE

L'eucratideion est une des monnaies les plus rares du monde. C'est simple, il ne reste plus qu'une seule pièce en or (≈ 170 grammes d'or pur) de cette monnaie qui date de l'Antiquité grecque.

QUAND LES ANGLAIS PARLAIENT FRANÇAIS

Le français a été une langue officielle de l'Angleterre pendant 300 ans, de 1066 à 1362. Et, 300 ans plus tard, jusqu'au XVIIIe siècle, il était encore utilisé dans les documents officiels comme les textes de loi. D'ailleurs, encore maintenant, les phrases « Honi soit qui mal y pense » et « Dieu et mon droit » sont inscrites sur les armoiries royales du Royaume-Uni.

PAUVRE CHARLES

Charles Byrne, aussi connu sous le nom du Géant irlandais, a vécu au XVIIIe siècle. De par sa taille (2 mètres 31), il était au centre de spectacles, courants à l'époque, où le public venait observer des gens « différents ». À sa mort, sa dernière volonté fut que son cercueil soit lesté au fond de la mer pour éviter de finir exposé. Malheureusement, son corps fut volé et son squelette se trouve depuis plus de 200 ans au Hunterian Museum, contre sa dernière volonté.

LA MÉDUSE-PHŒNIX

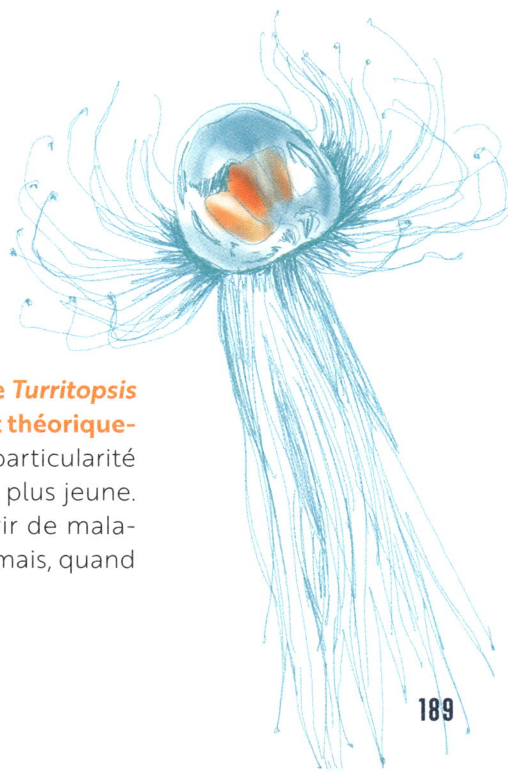

Plusieurs espèces de méduses, comme *Turritopsis dohrnii* ou *Turritopsis nutricula*, sont théoriquement immortelles. En fait, elles ont la particularité de « rajeunir » et de revenir à un stade plus jeune. Bien sûr, elles peuvent toujours mourir de maladie ou être mangées par un prédateur mais, quand même, ça fait rêver !

TRISTE RECORD POUR LE GUINNESS

Le *Livre Guinness des records* est lui-même détenteur d'un record dont il se serait bien passé : celui du livre le plus volé au monde, que ce soit en librairie ou en bibliothèque.

DES INITIALES GRAVÉES POUR L'ÉTERNITÉ

La dernière personne à avoir foulé la surface de la Lune, Gene Cernan, avait promis à sa fille de graver ses initiales sur le sol avant de repartir. C'est ce qu'il a fait, et les initiales « TDC » resteront probablement intactes et visibles pendant des dizaines et des dizaines de milliers d'années.

Elon Musk, le célèbre entrepreneur, fondateur de PayPal, et patron de Tesla et de Space X, a un jour dit en interview qu'il rêvait de mourir sur Mars... mais pas pendant l'atterrissage !

LES MARATHONIENS DE L'EXTRÊME

Chaque année depuis 2003 (excepté en 2005), des dizaines de coureurs se réunissent au pôle Nord pour le marathon le plus extrême de notre époque… Ils doivent courir une distance de 42,2 km dans des conditions très hostiles, avec des températures de - 30 à - 40 °C. Le record de 3 h 36 est assez incroyable, mais j'imagine que ce jour-là, la météo était plutôt favorable…

Entre 2001 et 2015, 75 % des victimes d'attaques terroristes dans le monde vivaient dans des pays à majorité musulmane. L'Europe et les États-Unis ne comptaient que pour 2,2 % du total.

LE TYPE JUSTE INGÉRABLE

Pour rigoler, au lycée, le cofondateur d'Apple, Steve Wozniak, a un jour fabriqué une fausse bombe. Comme punition, il a passé une nuit dans un centre de détention pour mineurs. Pendant cette nuit, il s'amusa à expliquer aux autres détenus comment déconnecter les câbles électriques des ventilateurs pour les connecter aux barreaux des cellules afin que les gardiens reçoivent une décharge électrique.

LE MEC QUI EN VOULAIT

Eunus, un esclave romain vivant en Sicile au IIe siècle av. J.-C., avait pour habitude de faire des spectacles pour son maître et ses amis nobles. Moitié magicien, moitié cracheur de feu, il disait aussi voir l'avenir. À de nombreuses reprises, il indiqua qu'un jour, il serait roi de Sicile et que seuls les gens courtois avec lui seraient épargnés. Quelques années après, il mena un soulèvement d'esclaves, devint effectivement roi de l'île et épargna les nobles qui lui avaient donné de la nourriture lors de ses spectacles.

LE SUPER EVEREST MARTIEN

L'Olympus Mons (nom latin du mont Olympe) est un volcan sur Mars. Il s'agit du plus haut relief connu du système solaire, avec une hauteur de 22,5 km. C'est presque trois fois plus que le mont Everest, le point culminant de la Terre !

En thaï, le chiffre 5 se prononce « ha ». Souvent, au lieu d'écrire « hahaha » dans un message, les thaïs écrivent « 555 ».

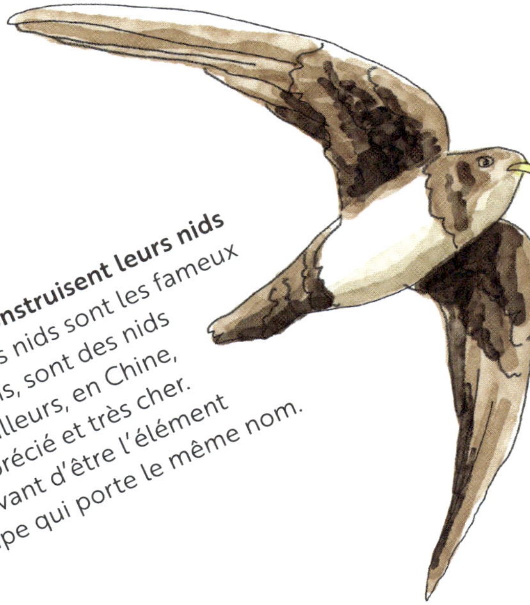

Certaines espèces de martinets construisent leurs nids entièrement à partir de leur propre salive. Ces nids sont les fameux « nids d'hirondelles » qui, tu l'auras compris, sont des nids de martinets et non d'hirondelles ! D'ailleurs, en Chine, ce type de nids est un mets très apprécié et très cher. Le nid est bouilli plusieurs heures avant d'être l'élément central d'une soupe qui porte le même nom.

LA CROISSANCE, TOUTE UNE AFFAIRE

On a l'habitude de dire que l'on arrête de grandir vers 16, 17 ou 18 ans... Mais, en réalité, c'est plus complexe que ça : tout le corps humain ne grandit pas à la même vitesse ni aussi longtemps... Par exemple, nos yeux ne grandissent jamais, ils restent de même taille qu'à notre naissance. Au contraire, les oreilles et le nez ne s'arrêtent jamais de grandir, jusqu'à notre mort. Bon, c'est une croissance très très lente, et heureusement, sinon bonjour le faciès à 95 ans !

FLIPPER & CO

Les dauphins se parlent entre eux en se donnant des noms. C'est prouvé : on a reproduit un sifflement identifié comme étant le nom d'un dauphin qui a immédiatement répondu à l'appel.

CALIFORNIA CITY

En 1958, un promoteur immobilier a la folle idée d'acheter 320 km² de terres en plein désert californien et de bâtir une gigantesque ville, California City, qui rivaliserait avec Los Angeles. Autant dire qu'il n'avait peur de rien ! Il construisit des kilomètres de routes et quelques bâtiments, mais sa ville n'a pas eu le succès escompté. Aujourd'hui, elle compte environ 15000 habitants, mais est la 34e ville américaine en termes de superficie.

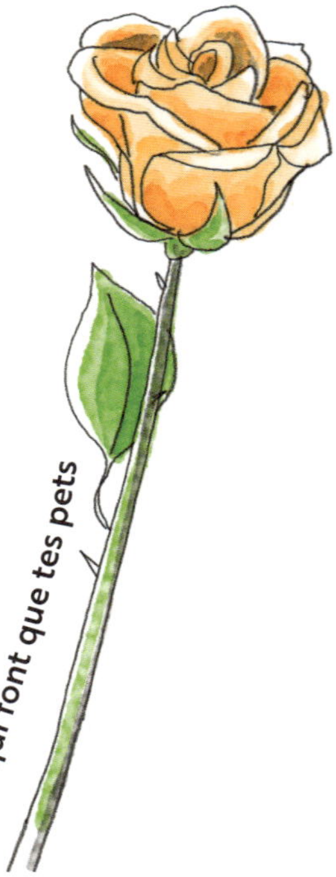

Il existe des gélules qui font que tes pets sentent la rose, littéralement.

LA BLAGUE DE TROP

Le 12 février 1949, une radio équatorienne diffuse un canular effrayant. Ils évoquent une gigantesque attaque extraterrestre en cours. Voyant la panique que ça provoque, la radio s'excuse et explique que c'est une blague, mais ça ne suffit pas pour calmer la population. Pour se venger, des centaines de personnes encerclent la station de radio et y mettent le feu. Six personnes ont perdu la vie.

SYMPA LA PRISON

En 2011, les autorités mexicaines ont organisé une gigantesque fouille surprise dans une prison d'Acapulco. Ils y ont trouvé des dizaines d'écrans plats, deux paons, une centaine de coqs de combat et même 19 prostituées.

L'EXCEPTION POUR LA BONNE CAUSE

Le 11 septembre 2001, juste après les différents attentats qui ont eu lieu aux États-Unis, aucun avion civil n'a eu le droit de décoller ou de survoler le sol américain, sauf un. Au moment des attaques, Lawrence van Sertima s'est fait mordre par un taïpan du désert (le serpent le plus venimeux au monde). Manque de pot, seules deux cliniques aux États-Unis stockaient l'anti-venin correspondant : une à New York et l'autre à San Diego. New York étant complètement bloqué, les autorités ont donné leur accord pour qu'un unique avion fasse le trajet Californie-Floride et puisse sauver Lawrence.

En Inde, les médecins sont tenus par la loi d'écrire clairement, et de préférence en majuscule, leurs prescriptions. Cette loi fait suite à plusieurs erreurs de pharmaciens ne donnant pas le bon médicament.

POUR DES VACANCES BIEN FLIPPANTES

Près de la ville de Mexico, sur une petite île perdue dans un marécage, un ermite a commencé dans les années 1950 à collecter des poupées pour rendre hommage à une petite fille morte noyée dans les environs. Pendant des dizaines d'années, il les a accrochées aux quatre coins de l'île avant de mourir noyé en 2001 au même endroit que la petite fille. Une belle destination pour un voyage familial !

L'IMPOSTEUR DU BALLON ROND

Carlos Kaiser est un Brésilien connu comme étant le plus grand fraudeur de l'histoire du foot ! En dix ans, il a joué dans beaucoup de clubs (dont le français GFC Ajaccio), mais n'a jamais marqué un seul but, alors qu'il était attaquant. Et pour cause : il était très mauvais au foot. À chaque fois qu'il rejoignait une nouvelle équipe, il prétextait une blessure et évitait ainsi les entraînements.

LES PUNIS

Pendant la Guerre froide, le terme « Tiers-Monde » désignait les pays qui n'étaient alliés ni avec les États-Unis et les membres de l'OTAN ni avec l'Union soviétique et la Chine.

APPARITION

S*antamartamys rufodorsalis* est un petit rongeur roux très très rare, qui vit dans une toute petite zone en Colombie. On le croyait éteint, car un seul spécimen avait été aperçu en 1898, mais en 2011, alors que des biologistes étudiaient la biodiversité du coin, perchés dans les arbres, un spécimen est apparu en face d'eux et est resté là deux heures. Ils l'ont mitraillé de photos et il est reparti sans un bruit.

On estime que chaque année les méduses sont responsables de 150 millions de piqûres.

LE MIEL AUX MILLE VERTUS

Certains hôpitaux utilisent (à nouveau, puisque ses bienfaits sont connus depuis l'Antiquité) du miel en application pour accélérer la cicatrisation des plaies. Le miel est également antiseptique et anti-inflammatoire.

DES DOLLARS EN FUMÉE !

Ces dernières années, trois cigares qui auraient été fumés par Churchill ont été vendus aux enchères, pour une somme globale de 6500 €. Pas mal, quand même… Surtout que personne n'a formellement authentifié leur appartenance à l'ancien Premier ministre du Royaume-Uni.

Pendant la Seconde Guerre mondiale, l'unité américaine la plus décorée est le 442e régiment d'infanterie, composé presque exclusivement de soldats américains d'origine japonaise !

LES TÊTES COURONNÉES EUROPÉENNES

En Europe, si on exclut les cas particuliers du Vatican et de l'Andorre, il y a, au moment où j'écris ces lignes, dix monarques : le roi Philippe de Belgique, la reine Margrethe II de Danemark, le roi Felipe VI d'Espagne, le prince Hans-Adam II du Liechtenstein, le grand-duc Henri du Luxembourg, le prince Albert II de Monaco, le roi Harald V de Norvège, le roi Willem-Alexander des Pays-Bas, la reine Élisabeth II du Royaume-Uni et le roi Carl XVI Gustaf de Suède. Le plus proche ancêtre commun de toutes ces personnes s'appelle Jean Guillaume Friso, prince d'Orange, mort à seulement 23 ans en 1711.

LE CRASH LE PLUS CON DU MONDE

En mars 1994, un avion effectuant la liaison Moscou-Hong Kong s'est crashé, car **le pilote a laissé ses enfants de 12 et 16 ans jouer dans la cabine de pilotage.** Ils ont, sans le vouloir, désactivé le pilote automatique et leur père n'a pas réussi à éviter la catastrophe. Les 75 personnes à bord ont perdu la vie.

Au xxe siècle, 76 % des serials killers connus étaient américains.

LE SENS DES AFFAIRES... OU PAS

En 2003, deux frères espagnols ont acheté un tableau du peintre Goya 20 000 €. Manque de chance, c'était un faux ! En 2015, ils paient 300 000 € un intermédiaire afin de rencontrer un riche Sheikh du Moyen-Orient intéressé par l'œuvre. Bien évidemment, les deux frères ne précisent pas que c'est un faux. Le Sheikh accepte de l'acheter 4 millions d'euros. Ce n'est qu'une fois en possession du premier versement de 1,5 million d'euros que les deux frères se sont rendu compte que l'argent était faux. Résultat des courses, ils ont perdu 320 000 € dans cette histoire et n'ont même plus le tableau !

ATTENTION : ARBRE PÉTEUR !

L'arbre sablier, parfois appelé « le pet du diable » *(Hura crepitans)*, est originaire des régions tropicales de l'Amérique. On le retrouve surtout en Amazonie. Il a plusieurs particularités. Déjà, sa sève est très vénéneuse et est utilisée par les Amérindiens pour endormir les poissons et faciliter la pêche. Ensuite, son tronc et ses branches sont constellés de petites épines rendant pratiquement impossible son escalade par un animal. Mais surtout, cet arbre est surnommé pet du diable à cause de ses fruits qui ont la particularité d'exploser une fois mûrs. Les graines sont ainsi projetées très loin à des vitesses pouvant atteindre 70 mètres par seconde !

Il y a un terme qui décrit le fait de s'étirer en bâillant. On appelle ça « pandiculer ».

AVEUGLE MAIS MALIGNE

La taupe est un animal qui stocke sa nourriture. Quand elle attrape plus de vers de terre qu'elle ne peut en consommer, elle leur coupe la tête et les entrepose dans un coin de son terrier.

SANS REGRET

Maurice et Katia Krafft étaient deux vulcanologues français très célèbres. En 1991, alors qu'ils observent le mont Unzen, Maurice confie dans une interview ne jamais avoir peur, car, je le cite : « J'ai vu tellement d'éruptions en 23 ans que même si je mourais demain, je m'en ficherais. » Ironie du destin, Maurice et Katia décèdent le lendemain, emportés par une coulée pyroclastique.

MANQUE D'IMAGINATION ?

Entre 1977 et 2011, le drapeau de la Libye était le seul au monde à n'être composé que d'une couleur unie, sans design particulier : il était tout vert. Pour l'anecdote, la France a aussi eu, à une période, un drapeau uni : il était totalement blanc.

DOMMAGES COLLATÉRAUX

Dans les mois qui ont suivi l'attentat du World Trade Center, le 11 septembre 2001, le nombre de morts sur les routes américaines a augmenté significativement, les gens préférant voyager en voiture plutôt qu'en avion.

ÇA CALME

En août 1945, la température au centre de l'explosion de la bombe nucléaire à Hiroshima tournait autour des 300 000 °C. C'est 300 fois plus que la température d'un crématorium. Sachant que la plus grosse bombe jamais testée, la Tsar Bomb, est 3300 fois plus puissante que celle d'Hiroshima, il ne doit pas faire froid en son épicentre.

En 1971, un vol a eu lieu dans des locaux du FBI et des dossiers confidentiels se sont volatilisés. Les voleurs avaient simplement laissé sur la porte d'entrée un mot disant « Ne pas fermer à clé ce soir ».

L'ÉNIGME ULTRA FLIPPANTE

En février 1959, neuf étudiants russes sont retrouvés morts dans le nord de l'Oural. Ils étaient membres d'un groupe de randonnée et, aujourd'hui encore, personne n'arrive à expliquer leur décès. Quand on les a retrouvés, leur tente était déchirée de l'intérieur et ils étaient tous très peu vêtus (la plupart juste en sous-vêtements). De plus, si la majorité d'entre eux étaient morts de froid, quatre d'entre eux avaient des fractures, et l'une des victimes n'avait plus de langue ! Par-dessus le marché, leurs corps présentaient d'importantes traces radioactives. Les autorités ont conclu que leur mort était due à « une force irrésistible inconnue ».

Chaque athlète, ou personne, ayant participé aux Jeux olympiques (juge, arbitre, chronométreurs, etc.) reçoit une médaille de participation.

SANS QUEUE NI TÊTE

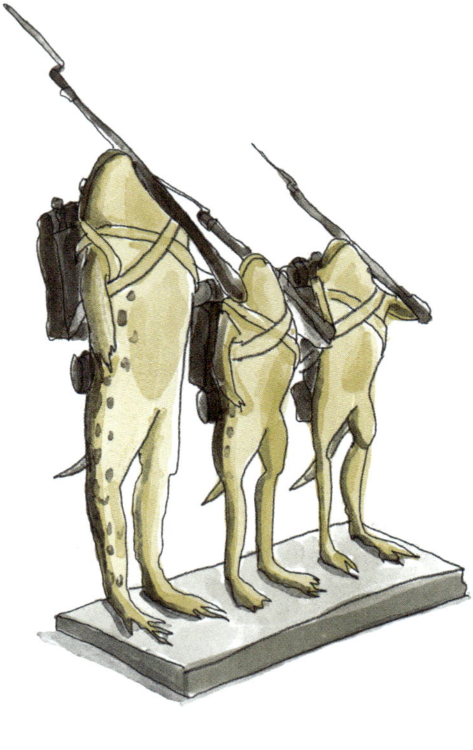

Il existe en Suisse un musée des grenouilles où des dizaines de ces petites bêtes ont été empaillées et placées dans des scènes de la vie de tous les jours. Glauque. Et chose insolite, ce musée comporte aussi une collection de 200 lampes ayant appartenu aux chemins de fer suisses ainsi qu'une collection d'armes suisses. Je cherche encore le rapport avec les grenouilles.

Kebawah Duli Yang Maha Mulia Paduka Seri Baginda Sultan Haji Hassanal Bolkiah Mu'izzaddin Waddaulah ibni Al-Marhum Sultan Haji Omar 'Ali Saifuddien Sa'adul Khairi Waddien, Sultan dan Yang di-Pertuan Negara Brunei Darussalam. Voici le titre entier du sultan du Brunei, qui est, au passage, l'un des hommes les plus riches sur Terre. Il l'est suffisamment pour se payer un palace de 1500 chambres et 257 salles de bain, ainsi qu'un concert privé de Michael Jackson en 2007, pour la modique somme de 17 millions d'euros.

PROFESSION : ERMITE

Entre le XVe et le XVIIIe siècle, principalement en Angleterre, il n'était pas rare pour de riches propriétaires terriens de recruter un ermite ; une personne qui, en échange d'argent et de nourriture, vivait dans un coin du jardin (grotte artificielle, petite cabane, etc.), s'habillait en druide, et divertissait les visiteurs.

Dans le temps, les reines accouchaient souvent en public, afin de prouver aux yeux de tous que l'enfant était bien celui du roi.

J'HABITE MONTETON, ET TOI ? VATAN.

Les habitants de Bouzillé sont les Buzilliacéens. La ville fait parti du *Groupement des communes de France aux noms burlesques et chantants,* avec les communes de Vatan, Bèze, Arnac-la-Poste, Corps-Nuds, Monteton ou encore Poil.

PAS TOUCHE AUX ÉLÉPHANTS

Au Sri Lanka, tuer un éléphant est un crime passible de la peine de mort, mais, dans la pratique, aucune poursuite n'a été enclenchée depuis des décennies.

FIRST LADIES

Il existe un article Wikipédia listant les premières femmes par métier ou fonction en France. Ainsi, on apprend que Julie-Victoire Daubié est la première à obtenir le baccalauréat, qu'Alice Guy est la première réalisatrice ou encore que Jeannine Levannier est la première à avoir une ceinture noire au judo.

LA CROISSANCE DU BALEINEAU

Pendant ses premiers mois d'existence, le bébé baleine bleue grandit de 3 à 4 cm et gagne en moyenne 81 kilos par jour, en assimilant jusqu'à 90 % des 90 litres de lait maternel qu'il boit quotidiennement.

En mai 1979, quelques développeurs de jeux travaillant pour Atari ont demandé à la direction d'être traités comme des artistes, et ainsi de toucher des royalties sur les jeux vendus. Après un refus net des dirigeants d'Atari, ces développeurs ont démissionné et ont fondé Activision, devenu ainsi le 2e éditeur de jeux vidéo au monde.

POLYGLOTTE

Tous les astronautes/cosmonautes se rendant dans la station spatiale internationale en orbite autour de la Terre doivent absolument parler anglais et russe. Thomas Pesquet, par exemple, le dernier astronaute français à être allé dans l'espace, a dû apprendre le russe en quelques mois pour pouvoir s'envoler à bord de la station.

#ASTUCE

Pendant la Seconde Guerre mondiale, certains agents des services secrets britanniques ont réussi à se faire passer pour des gérants d'associations humanitaires et ainsi distribuer des centaines de fausses copies du jeu Monopoly aux prisonniers de guerre anglais. Ce jeu contenait un compas, des outils en métal et des cartes du coin, pour aider les prisonniers à s'échapper.

Il existe une variante du football qui s'appelle le football à trois côtés et qui oppose trois équipes sur un terrain hexagonal.

THE SURVIVOR

En 2013, un navire remorqueur nigérian chavire avec, à son bord, douze marins. Trois jours après, une équipe de sauvetage australienne localise l'épave à 30 mètres de profondeur et s'apprête à récupérer les corps des malheureux. À leur plus grande surprise, ils découvrent dans une petite poche d'air Harrison Okene, le cuisinier de bord, en vie et en bonne santé.

HISTOIRE DE TRANSIT

En 1760, pour observer le transit de Vénus, l'astronome Guillaume Le Gentil a voyagé jusqu'en Inde. Il a malheureusement loupé les deux occasions de visualiser ce transit. Il a attrapé la dysenterie et est presque devenu fou. Lorsqu'il est rentré en France 11 ans plus tard, il a appris qu'il avait été déclaré mort. Sa femme s'était remariée, ses biens avaient été redistribués et son siège à l'Académie royale des sciences investi par un remplaçant. Monsieur malchance quoi.

LE DERNIER EMPEREUR DE CHINE

Puyi est le tout dernier empereur de Chine ; son règne a signé la fin de plusieurs siècles d'empire. Malheureusement pour lui, il n'a pas eu le temps de profiter des privilèges de la royauté, puisque son règne n'a duré que quatre années, de 1908 à 1912. Surtout qu'à ce moment-là, Puyi avait entre deux et six ans…

CRAC

Contrairement à la croyance populaire, faire craquer ses doigts n'abîme pas ses os et ne provoque pas d'arthrite. Un homme a d'ailleurs fait le test en faisant craquer deux fois par jour les doigts d'une de ses main pendant 60 ans. Il n'a constaté aucune différence entre ses deux mains !

Si l'intégralité de la population mondiale consommait autant que l'américain moyen, il nous faudrait les ressources de cinq planètes Terre pour survivre.

En 1886, un verre de Coca-Cola contenait encore jusqu'à 9 milligrammes de cocaïne.

UNE CHOUETTE HISTOIRE

En 2011, lors d'un vol Seattle-San Francisco, une hôtesse de l'air remarque le comportement étrange d'une adolescente assise à côté d'un homme. Inquiète, elle lui laisse un papier et un stylo dans les toilettes. La jeune fille écrira juste « J'ai besoin d'aide ». L'hôtesse prévient alors les pilotes qui appellent la police. À l'aéroport de San Francisco, l'homme est arrêté pour trafic d'être humain et l'adolescente libérée.

Théoriquement, il est possible de résoudre n'importe quelle configuration d'un Rubik's Cube 3x3 en 20 mouvements.

Sobhuza II, roi du Swaziland, a eu dans sa vie 70 femmes et 210 enfants. À sa mort en 1982, il avait plus de 1000 petits-enfants.

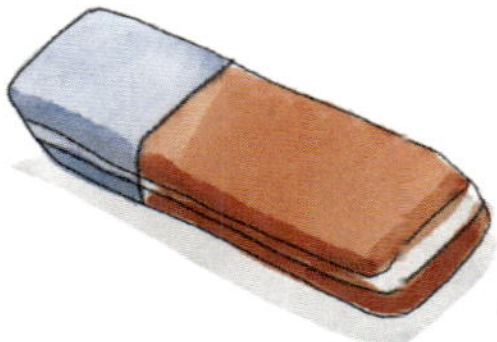

Avant l'invention de la gomme en latex, on effaçait des traits en frottant la feuille avec du pain mouillé de lait.

VASELINE ADDICT

Robert Chesebrough, l'inventeur de la Vaseline, était tellement persuadé de la qualité de son produit qu'il prétend en avoir mangé une cuillère à soupe tous les jours. Il a quand même vécu jusqu'à 96 ans.

UN BIENFAITEUR PAS SI BÉNÉFIQUE QUE ÇA

Mansa Moussa, roi de l'empire du Mali au XIVe siècle, est considéré comme ayant été l'homme le plus riche de l'histoire avec une fortune estimée à 370 milliards d'euros. En 1324, il effectua un pèlerinage à la Mecque avec des dizaines de milliers de serviteurs. Il se montra très généreux et distribua de l'or et des richesses dans chaque ville où il passa. Tant et si bien qu'il finit par ruiner l'économie de ces régions : les gens étaient soudainement devenus très riches et les marchés locaux mirent dix ans à se relever de cette inflation.

MANGEURS DE DROMADAIRES

L'Arabie saoudite est une grande consommatrice de viande de dromadaire. À tel point que la production locale ne suffit plus. Le pays importe maintenant des dromadaires depuis l'Australie.

UN CADEAU DIGNE DE Q

Juste après la Seconde Guerre mondiale, en 1946, les Soviétiques ont offert à l'ambassadeur américain en URSS une reproduction du sceau américain en bois. En 1952, les Américains se sont rendu compte qu'un micro se trouvait dans le sceau et que les Soviétiques avaient ainsi pu espionner les différents ambassadeurs pendant plusieurs années.

YOUTUBE SUR LE TOIT DU MONDE

Depuis 2010, il est possible de capter de la 3G depuis le sommet du mont Everest. Et la 4G serait même disponible depuis peu. Avant cette prouesse, les alpinistes ne pouvaient communiquer avec le monde extérieur qu'avec un téléphone satellite. À quand le premier Live YouTube au sommet ?

Les reines termites semblent être les insectes vivant le plus longtemps. Elles peuvent visiblement atteindre l'âge de 50 ans.

DES DÉCROISSANTS UN POIL EXTRÉMISTES

L'église de l'Euthanasie est une secte qui milite pour l'environnement. Pour ses adeptes, il y a trop d'hommes sur terre et c'est dangereux pour la nature. Ils défendent alors plusieurs principes comme le cannibalisme, l'avortement ou encore le suicide.

SOMNAMBULISME AVIAIRE

La frégate du Pacifique est un oiseau marin qui a une relation particulière avec le sommeil. Quand elle est en vol, elle réussit à dormir en faisant des microsiestes de 12 secondes. Un seul de ses deux hémisphères cérébraux est alors « déconnecté » et l'oiseau active en quelque sorte le pilote automatique. En 24 heures, la frégate arrive ainsi à dormir une quarantaine de minutes sans s'arrêter de voler. Par contre, quand elle est à terre, c'est pas la même histoire : elle peut dormir à pattes fermées pendant 12 heures !

BELLE BOULETTE

Frank Arthur Calder était un homme politique canadien. En 1979, il est candidat à sa propre succession au sein de l'Assemblée législative de l'état de Colombie-Britannique. Malheureusement, il perd l'élection d'une seule petite voix. Il confessera plus tard qu'avec son épouse, ils avaient oublié d'aller voter.

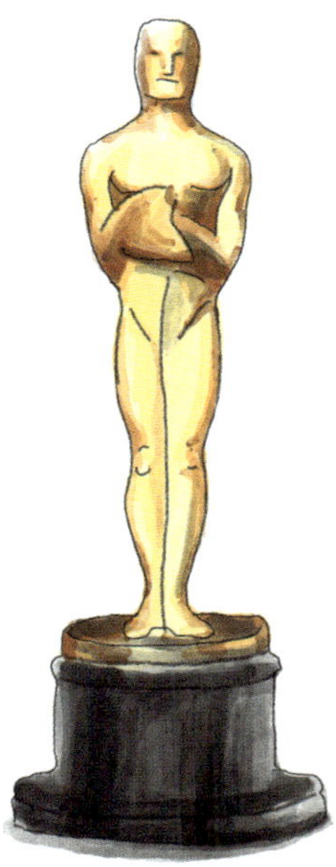

Généralement, quand on reçoit un Oscar, la tradition veut qu'on prononce un discours. Le plus court discours de l'histoire de ce prix date de 1962. La jeune Patty Duke est montée sur scène, a pris sa statuette et a juste dit « Thank you ».

Contraintement à la légende,

Contrairement à la légende, Napoléon Bonaparte n'était pas petit. Il mesurait environ 1 m 70. Ce sont les Anglais qui, à l'époque, ont inventé ce mythe pour décrédibiliser le personnage.

LE SCOOP

Dans le village de Shingō, au Japon, une croyance locale prétend que Jésus n'est pas mort sur la croix et qu'il a fini sa vie comme riziculteur dans la région. Sa tombe est d'ailleurs une des attractions phares du coin !

DALS VERSION TRASH

À Strasbourg, en 1518, des gens se sont mis à danser sans explication rationnelle. Certaines personnes dansèrent sans se reposer des jours et des jours. Beaucoup finirent par mourir d'épuisement ou de crise cardiaque. De nos jours, même si la théorie de l'empoisonnement alimentaire reste la plus évidente, personne n'arrive à expliquer le phénomène.

NELSON LE GROS VÉNÈRE

En juillet 1797, lors de la bataille de Santa Cruz de Tenerife opposant le Royaume d'Espagne au Royaume de Grande-Bretagne, l'amiral britannique Horatio Nelson fut grièvement blessé au bras. Il pressa alors le chirurgien de se dépêcher d'amputer son membre et une demi-heure après, avec un bras en moins, il retournait donner des ordres à ses capitaines.

RIP

Le capitaine Mbaye Diagne était un officier sénégalais observateur pour l'ONU pendant la guerre civile rwandaise. Au péril de sa vie, il fit des dizaines d'allers-retours entre les zones de conflits et les zones contrôlées par l'ONU, ramenant à chaque fois des réfugiés. Il est mort sur le coup lorsqu'un mortier a explosé à côté de son véhicule le 31 mai 1994. Il est pour beaucoup considéré comme l'homme le plus courageux ayant servi l'ONU, mais il demeure malheureusement peu connu dans son pays.

CONTRARIANT

Le bitcoin est la monnaie virtuelle la plus connue. À ses débuts, un bitcoin valait moins d'un euro. Au moment où j'écris ces lignes, un bitcoin vaut environ 2 300 €. James Howells, un Britannique, a accidentellement jeté il y a quelques années un disque dur contenant 7 500 bitcoins. Quand on met par mégarde à la poubelle 17 millions d'euros, on doit être un chouïa contrarié, non ?

ET LE SACHET DE THÉ EST NÉ

La commercialisation du thé en sachet nous vient de Thomas Sullivan, un Américain vendeur de thé. Au début du XXe siècle, il a l'habitude de faire parvenir à sa clientèle des échantillons stockés dans de petits sacs en soie. Plusieurs clients ont alors pensé qu'il fallait infuser directement ces sachets. Ils ont tellement aimé l'idée que Thomas s'est rapidement retrouvé avec des milliers de commandes !

LES PETITS RUISSEAUX FONT LES GRANDS OCÉANS

Two Ocean Pass est un endroit très particulier, situé dans le Wyoming, aux États-Unis. Là-bas, une petite rivière se sépare en deux. Ses eaux s'écoulent d'un côté dans l'océan Pacifique, de l'autre dans l'océan Atlantique.

UN CASTOURS

Il y a encore 12 000 ans, le castor géant du Nebraska peuplait l'Amérique du Nord. S'il s'appelle castor « géant », c'est parce qu'il mesurait environ 3 mètres de long et 2 mètres 50 de haut – pas loin des dimensions d'un ours brun actuel.

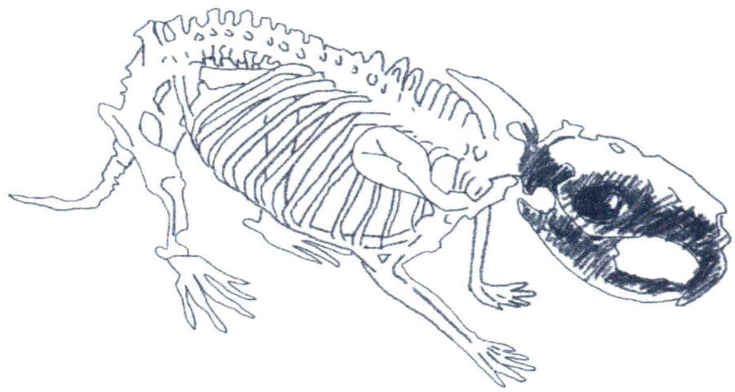

LES SORCIÈRES NOCTURNES

Pendant la Seconde Guerre mondiale, les pilotes d'un régiment soviétique aérien entièrement composé de femmes se faisaient appeler les Sorcières nocturnes. Leurs missions étaient majoritairement effectuées de nuit sur de vieux avions obsolètes et les pilotes avaient pris l'habitude de couper les moteurs à l'approche de leur cible, si bien que seul le bruit du vent pouvait trahir leur présence.

À LA MODE DU IIe MILLÉNAIRE

Christ's Hospital est une école anglaise fondée au XVIe siècle. Elle accueille environ 850 élèves chaque année, et sa particularité est que, depuis sa création dans les années 1550, l'uniforme n'a pratiquement pas changé. Allez jeter un coup d'œil sur Google, honnêtement, moi je le trouve très stylé !

LOL D'OR

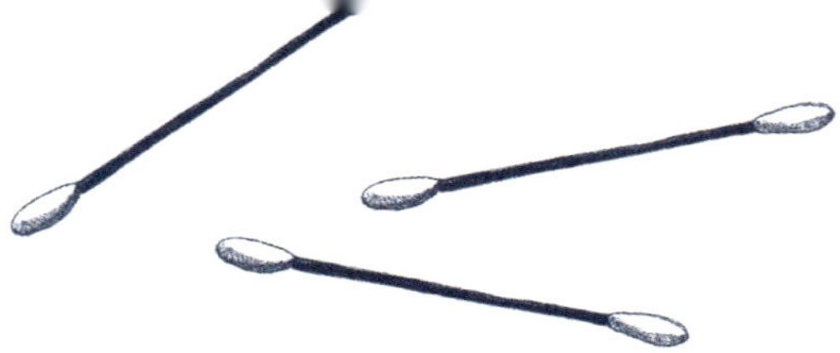

Entre 1993 et 2008, des traces ADN d'une même femme furent découvertes sur de multiples scènes de crimes en Allemagne et en Autriche. Des centaines de policiers ont enquêté des années pour retrouver cette femme tueuse en série avant de finalement se rendre compte que l'ADN provenait d'une employée de la société fabriquant les cotons-tiges utilisés pour prélever les preuves sur les scènes de crime.

DESCARTES, UNE PETITE NATURE

Le célèbre philosophe et mathématicien français René Descartes est mort en Suède en 1650. Il avait été invité là-bas pour devenir le tuteur de la reine Christine. Cette dernière insistait pour que les leçons se fassent avant 5 heures du matin. Descartes n'aurait pas supporté le froid matinal, peu habitué à se lever aux aurores. Officiellement, il décède d'une pneumonie moins d'un an après son arrivée sur place.

LA MAL NOMMÉE

La guerre de Cent Ans, qui a opposé le royaume d'Angleterre et celui de France, a en fait duré 116 ans.

UNE VIEILLE ÉCOLE

The King's School, située à Canterbury en Angleterre, est la plus vieille école encore en activité. Elle a été fondée en l'an 597, soit il y a plus de 1400 ans.

LE CDD DE LA TOUR EIFFEL MÛ EN CDI

La tour Eiffel, construite pour l'exposition universelle de 1889, devait initialement être démontée au bout de 20 ans. Toutefois, en 1910, les autorités ont décidé de rallonger la période d'exploitation de la tour de 70 ans, suite à son extraordinaire utilité en science, notamment dans les domaines de la météorologie, de l'aérodynamisme ou encore des ondes radio.

UN PETIT PONT FRONTIÈRE

Entre les villes d'Arronches (Portugal) et de La Codosera (Espagne) se trouve un pont d'à peine trois mètres de long. Il s'agit du plus petit pont reliant deux pays entre eux.

UNE MONTAGNE D'AMPHORES

Le mont Testaccio à Rome est une gigantesque pile constituée de tessons d'amphores romaines accumulées là durant l'Antiquité. Il est possible de le gravir jusqu'au sommet et le crissement, sous les pieds, des tessons de poterie, est clairement perceptible.

LE MONDE DES PLANTES COFFRÉ

Sur l'île norvégienne du Spitzberg se trouve la réserve mondiale de semences du Svalbard. Il s'agit d'une espèce d'énorme coffre-fort qui a pour ambition de récolter et de sécuriser des semences de l'intégralité des plantes du monde. Fin 2016, l'endroit comptait plus de 850 000 échantillons de graines.

LE MOHAMED ALI DES OCÉANS

Le crabe boxeur vit dans les océans Indien et Pacifique. Il tient son nom des anémones qu'il arbore au bout de ses pinces, un peu à la manière de gants de boxe, ou de pompons de pom-pom girl. L'anémone lui est utile car ses tentacules « produisent » du poison urticant. Ce crabe s'assure donc d'avoir toujours une anémone dans chaque pince. Mais ce n'est pas si simple : le type d'anémones qu'il affectionne ne peut vivre qu'en symbiose avec un crabe, elle ne pousse pas autre part. Du coup, si un crabe perd ses anémones, il est obligé de se battre avec ses congénères dans l'espoir d'en récupérer au moins une. Heureusement pour eux, une seule suffit, grâce à une capacité géniale des anémones : elles peuvent se cloner... Il suffit pour le crabe de la couper en deux avec ses pinces, et il se retrouve avec deux anémones bien distinctes, toutes deux vivantes, chacune étant un clone génétiquement identique de l'autre.

INCERTAINE ISSUE

Pendant la bataille de Stalingrad entre les forces de l'URSS et celles du Troisième Reich et de ses alliés, les combats étaient tellement rudes qu'une gare a changé 14 fois de mains en seulement six heures.

PERSÉVÉRANCE

En 1925, Marvin Pipkin est embauché par General Electric. L'entreprise avait pour habitude d'accueillir les nouveaux employés en leur demandant une tâche qu'ils pensaient impossible : en l'occurrence, fabriquer une ampoule opaque – à l'époque, les ampoules étaient toutes transparentes. Marvin, qui ne savait pas que c'était une blague, prit au sérieux l'exercice et parvint à créer l'objet demandé. Il arriva même à inventer une technologie permettant de rendre le verre des ampoules beaucoup plus solide.

VEINARD UN JOUR...

En 1980, William Bergstrom est entré dans un casino à Las Vegas avec deux valises. L'une vide, l'autre pleine de billets. Il paria l'intégralité de la valise, soit 777 000 $ sur un lancer de dé qu'il gagna. Il empocha donc 777 000 $ dans la seconde valise et disparut. Quatre ans plus tard, il revint dans le même casino pour parier 1 million de dollars. Cette fois-là, la chance n'était pas avec lui et il perdit tout.

ARCHÉOLOGIE SPATIALE

En combinant des images satellites haute résolution et des algorithmes très poussés, la scientifique Sarah Parcak et son équipe ont découvert 17 pyramides, 1000 tombes et plus de 3100 zones d'installation humaine. Elle milite maintenant pour ce qu'elle appelle l'archéologie spatiale.

RECYCLAGE

En 2012, en Sibérie, des scientifiques ont réussi à faire pousser une plante à partir de résidus de fruits datant de plus de 32 000 ans, retrouvés à 38 mètres de profondeur. Ils pensent qu'il s'agissait là de la cachette d'un écureuil !

MONKEY COCO BUSINESS

En Thaïlande, des singes sont dressés pour grimper aux cocotiers et récolter des noix de coco. Le dressage de ce type de singe est devenu un énorme business dans les régions qui produisent de la noix de coco.

OPPRESSION

Dans un laboratoire de Minneapolis, il existe une pièce spéciale appelée « chambre sourde ». Elle absorbe 99,9 % des sons, si bien qu'en quelques minutes, on entend le bruit de sa propre circulation sanguine. Personne n'a jamais réussi à y rester enfermé dans le noir plus de 45 minutes.

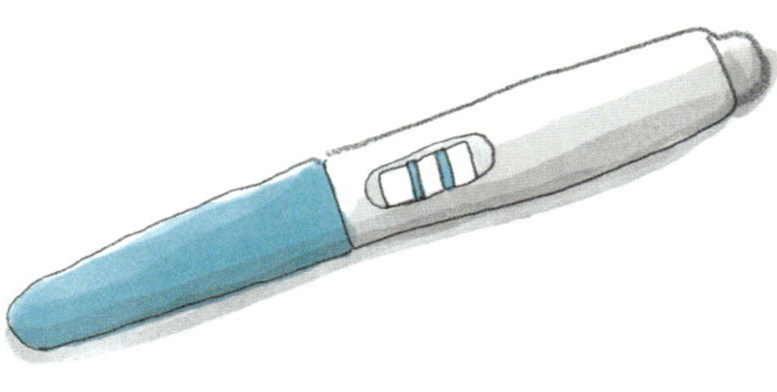

BON À SAVOIR

Si un homme utilise un test de grossesse sur sa propre urine et que ce test est positif, il y a de fortes chances pour que l'homme soit atteint d'un cancer des testicules.

DONNEUR PAR DÉFAUT

Dans certains pays comme la Belgique, la Pologne, le Portugal ou encore la France, une personne est automatiquement considérée comme donneuse d'organes potentiel au moment de son décès, sauf si elle s'y est opposée de son vivant.

FRISQUET

Les villes russes de Verkhoïansk au nord-est de la Sibérie (1200 habitants) et d'Oïmiakon en Sibérie orientale (500 habitants) détiennent le record de froid en zone habitée. Dans ces deux villages, la température est descendue à - 67,8 °C, respectivement en 1892 et en 1933. Si on s'éloigne des zones habitées, la température la plus froide jamais recensée sur Terre est - 93,2 °C. Cette mesure a été enregistrée en 2010 sur un plateau à l'est de l'Antarctique.

AVEUGLES 40 MINUTES PAR JOUR

Lorsque tes yeux bougent, ton cerveau « bloque » ta vision pendant une fraction de seconde. C'est notamment à cause de cela que tu ne peux pas voir le mouvement de tes yeux dans un miroir. Cette « cécité » ponctuelle nous rend « aveugles » pendant environ 40 minutes par jour.

NÉCESSITÉ FAIT LOI

Au Nicaragua, dans les années 1970 et 1980, des dizaines d'enfants sourds ne connaissant aucune langue des signes commencèrent spontanément à en inventer une pour discuter entre eux. Cette langue est maintenant très étudiée par les linguistes, car elle apporte beaucoup d'informations sur la création d'un langage.

La Papouasie-Nouvelle-Guinée est le pays qui héberge le plus grand nombre de dialectes, rapporté au nombre d'habitants. En effet, ce ne sont pas moins de 830 langues qui coexistent dans ce petit pays de 460 000 km². Sachant que sa population est de 7 millions d'individus, cela nous donne 9 500 habitants par langue.

UN SAMOURAÏ NOIR

En 1569, un esclave africain faisant partie d'une délégation de jésuites portugais arrive avec ses maîtres au Japon. Admiratif de sa couleur de peau et de sa force physique, un dirigeant japonais le prend sous son aile. Il le renomme Yasuke et le forme pour qu'il devienne le premier – et peut-être le seul – samouraï noir.

DROIT AU WEB

En 2011, l'ONU a reconnu Internet comme étant un droit humain fondamental. En réduire l'accès à des individus va donc à l'encontre des lois internationales.

LA PREUVE PAR L'EXEMPLE

Charles Darwin a eu dix enfants avec sa femme Emma, qui n'était autre que sa cousine. Trois de ces enfants sont morts jeunes et trois autres étaient infertiles. En faisant des recherches sur des plantes et en observant ses propres enfants, Darwin a été l'un des premiers à émettre l'hypothèse que la consanguinité et l'inceste pouvaient être dangereux pour la progéniture.

RACISME ORDINAIRE

Hazel Ying Lee fut la première Américaine d'origine chinoise à devenir pilote d'avion pour l'armée. Pendant une mission, elle effectua un atterrissage d'urgence dans un champ au Texas. Le propriétaire du champ lui courut après, une fourche à la main, persuadé que le Japon envahissait le pays.

CUICUI AVÉ L'ACCENT

Il est avéré scientifiquement que certains animaux comme les oiseaux ne chantent pas avec le même « accent » selon la région dans laquelle ils vivent, à l'instar des humains. Il semblerait que ce soit également le cas d'autres animaux comme les chiens ou même les vaches !

LES RUES LES PLUS ÉTROITES DU MONDE

La Spreuerhofstraße, dans la ville allemande de Reutlingen, pas très loin de la frontière française, est la deuxième rue la plus étroite du monde. Au maximum, tu as 50 centimètres de largeur et, à son point le plus étroit, 31 petits centimètres... Autant te dire qu'il ne faut pas abuser de la choucroute pour espérer prendre cette route. En première place, c'est la rue de l'Androuno, dans la ville de Gassin, qui détient ce record. Seulement 29 centimètres à son point le plus étroit, autant te dire qu'il ne faut pas abuser du cassoulet pour espérer s'y faufiler.

RAFALE DE MOTS

La chanson *Rap God* du rappeur Eminem contient **1560 mots pour une durée de 6 minutes et 4 secondes.** Oui, ça nous fait une moyenne de 4 mots par seconde. Elle porte bien son nom, cette chanson !

REPOPULATION

La pyramide de Ball est une petite île australienne composée majoritairement de roches et de falaises presque verticales. Autant te dire que niveau faune et flore, elle est plutôt hostile ! Et pourtant, en 2001, des scientifiques y découvrirent une espèce de phasme que tout le monde pensait disparu. Grâce aux quelques couples trouvés sur place, le zoo de Melbourne put accroître la population de plusieurs milliers !

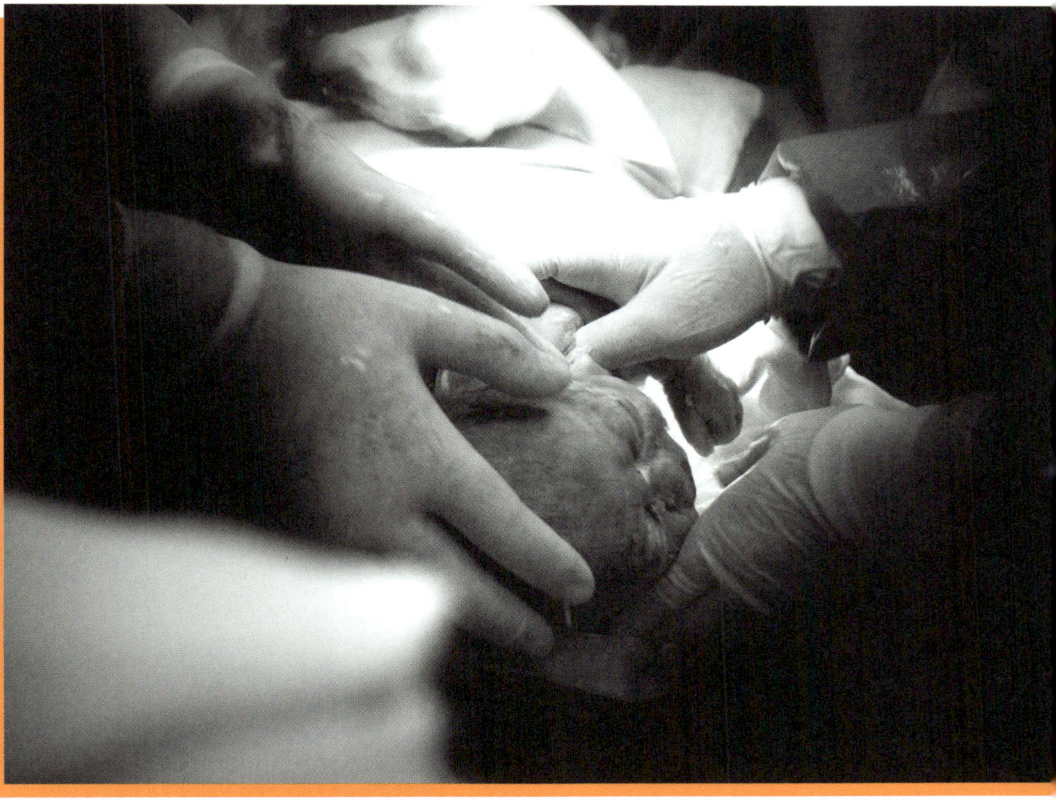

UN TOUBIB QUI EN AVAIT, MAIS PAS LÀ OÙ L'ON CROIT

James Barry était un chirurgien militaire anglais, mort en 1865. Il a notamment été le premier médecin anglais à réussir une césarienne où mère et enfant ont survécu. La particularité de James, c'est qu'il s'appelait en réalité **Margaret Ann Bulkley, était une femme** et s'était fait passer pour un homme pendant toute sa carrière car, à l'époque, les femmes n'avaient pas le droit de devenir médecins.

DES MÉTHODES QUI FONT RÊVER

Les premières traces de guerre bactériologique remontent au XIIIe siècle. L'armée de Gengis Khan avait pour habitude de catapulter des cadavres de soldats infectés par la peste noire dans les villes qu'elle assiégeait.

ME, MYSELF AND I

Beaucoup d'animaux, comme la méduse ou l'anémone par exemple, ont la capacité de se « cloner » si, pour une quelconque raison, leur corps se retrouve amputé. Si une méduse se fait couper en deux, les deux parties formeront deux nouveaux individus.

1 $ = 10 MILLIONS DE $

La pièce d'un dollar américain *« Flowing Hair »*, qui date de 1794-1795, est la pièce la plus chère du monde. Un exemplaire a été vendu aux enchères en 2013 pour environ 10 millions de dollars.

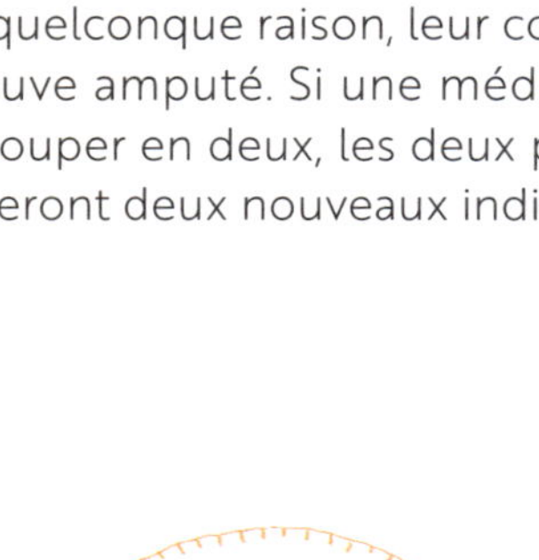

CITOYENNETÉ À VENDRE

Pour 100 000 $, tu peux devenir citoyen de la Dominique (à ne pas confondre avec la République dominicaine). Pour un investissement d'environ 1,2 million d'euros, tu peux également devenir citoyen et obtenir un passeport maltais, qui te permet ensuite de voyager n'importe où en Europe !

PRIVILÈGE SANCTIFIÉ

Actuellement, seules sept femmes ont le droit de s'habiller en blanc devant le pape. Sinon, toutes les autres doivent porter du noir. Cette tradition s'appelle le « privilège du blanc » et concerne uniquement les reines et princesses catholiques.

UN CAMPUS CHAUFFÉ À LA MAYO

En 2016, à l'université du Michigan, près de cinq tonnes de mayonnaise ont tourné avant d'avoir pu être consommées. Mais, pas conne du tout, l'université a conservé toute cette mayonnaise et l'a transformée en source d'énergie grâce à un processus naturel de méthanisation... En fin de compte, l'université n'a quasiment pas perdu d'argent puisque, pendant plusieurs semaines, certaines parties du campus étaient approvisionnées en énergie uniquement via cette mayo recyclée.

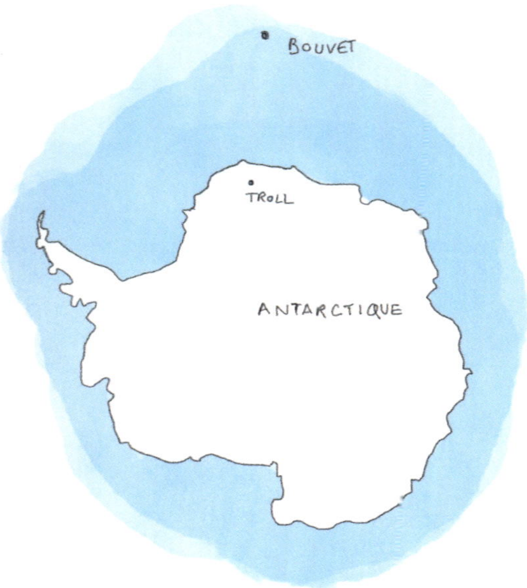

DES SURVIVANTS DISPARUS

L'île Bouvet, qui se trouve dans l'Atlantique sud, est une des îles les plus isolées du monde. Elle appartient à la Norvège et est composée à plus de 90 % de glace. Cette île est totalement inhabitée mais, en 1964, un canot de sauvetage est retrouvé sur place. Des vivres étaient à son bord, mais personne n'a jamais retrouvé ses occupants.

CÂLIN THÉRAPEUTIQUE

Quand on embrasse, ou quand on fait un câlin à quelqu'un, notre cerveau libère de l'ocytocine dans notre corps. On a constaté que cette « hormone du câlin » réduit de manière significative les maux de tête et, pour certains, ces maux disparaissent même complètement après quelques heures.

TÊTE DE PATATE

Au tout début, le célèbre jouet Monsieur Patate n'avait pas de corps. Il ne s'agissait que de petits accessoires en plastique (bouche, nez, etc.) à fixer sur une vraie pomme de terre.

LE DRAPEAU DU NÉPAL est le seul drapeau national à ne pas être un quadrilatère et à être plus haut que large.

TU CONNAIS L'HISTOIRE DE POUF L'ÉLÉPHANT ?

Du IVe siècle av. J.-C. au milieu du XXe siècle, des éléphants d'Asie étaient couramment utilisés pour torturer et exécuter des prisonniers en Asie du Sud et du Sud-Est. **L'animal était dressé à se servir de sa trompe ou de ses pattes pour arracher les membres du condamné, l'étouffer sous son poids** ou, si l'exécution se voulait rapide, lui broyer la tête d'un coup sec.

LA LOTERIE TAÏWANAISE

Depuis 1951, le ministère des Finances de Taïwan a mis en place un système de loterie sur chaque ticket de caisse émis. Tous les deux mois, un tirage au sort a lieu et l'État distribue ainsi plusieurs milliers d'euros !

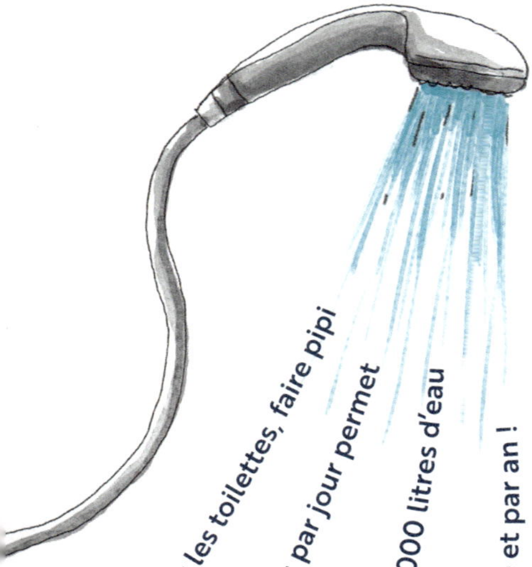

Au lieu d'utiliser les toilettes, faire pipi dans sa douche une fois par jour permet d'économiser jusqu'à 2000 litres d'eau par personne et par an !

GELÉS SUR PLACE

En 1942, un garde forestier a découvert en Inde un lac d'altitude rempli de dizaines de squelettes humains. En 2004, des scientifiques établissent que ces corps sont là depuis environ 1200 ans. Il s'agirait d'une délégation de 200 personnes qui se serait retrouvée coincée sous un orage de grêle très intense sans possibilité de se mettre à l'abri.

RÉGIME CAROTTE

Le mythe de la carotte censée améliorer notre vision est une légende urbaine assez récente, diffusée dans un but très précis Pendant la Seconde Guerre mondiale, l'Armée de l'air britannique avait développé une toute nouvelle technologie radar qui était incroyablement utile pour les combats aériens. Sauf qu'elle était d'autant plus efficace que les Allemands n'étaient pas au courant de son existence. Pour essayer d'en garder le secret, et de ne pas trop éveiller les soupçons des nazis, l'Armée de l'air expliqua officiellement les récents succès de ses pilotes grâce à leur nouveau régime à base de carotte.

PAYE TES PRÉLIMINAIRES

Afin d'identifier le bon moment pour l'accouplement, la girafe mâle met des coups de tête dans la vessie de la femelle jusqu'à ce qu'elle ait envie de faire pipi. Après ça, il goûte son urine pour savoir si la girafe est bien en période d'ovulation.

EXCROISSANCE

Adam Rainer est le seul homme au monde connu pour avoir été au cours de sa vie à la fois nain et géant. Cet Autrichien est passé de 1,18 m à 21 ans à 2,34 m au moment de sa mort, à cause d'une tumeur qui a grandi dans son hypophyse, déclenchant la production d'énormes doses d'hormones de croissance.

LE MONDE À L'ENVERS

En août 2006, dans la baie de Bombay, en Inde, un phénomène très étrange s'est produit. **Pendant deux jours, sans que l'on sache expliquer vraiment pourquoi, l'eau de mer est subitement devenue sucrée.** Ceci a causé de gros problèmes, avec notamment d'importants mouvements de foules de personnes qui venaient sur la plage pour goûter cette eau de mer sucrée… Depuis, le phénomène ne s'est jamais reproduit.

NO PUB FOR CHILDREN

Faire de la publicité destinée aux enfants de moins de 12 ans est illégal en Norvège et en Suède.

CULOTTÉE LA MEUF

En 1995, Antoinette Frank, officier de police à La Nouvelle-Orléans, a effectué avec un complice un braquage à main armée très violent où plusieurs personnes ont trouvé la mort, notamment un collègue policier. Elle a été identifiée par une des victimes quelques heures après, lorsqu'elle est revenue ni vu ni connu sur le lieu du crime pour enquêter. Pas très intelligent, ça !

UN PUITS TRÈS TRÈS PROFOND

Le forage le plus profond du monde se situe en Russie, dans la péninsule de Kola. Il a atteint un peu plus de 12 000 mètres de profondeur avant d'être stoppé. Le site est maintenant à l'abandon et le trou bien scellé.

C'EST DIT

Les concombres et les méduses ont un point commun : ils sont composés à 95 % d'eau.

OUCH

Certaines espèces de scorpions peuvent se débarrasser de leurs queues en cas de danger, pour échapper à un prédateur par exemple. Sauf que leur destin est quand même scellé, ils n'auront fait que gagner un peu de sursis. En effet, se désolidariser de leur queue n'est pas sans conséquence, puisque les scorpions perdent également leur anus dans l'histoire. Du coup, après avoir perdu leur queue, ils ne pourront plus jamais faire caca... Au maximum, ils peuvent survivre 8 mois dans ces conditions.

TON PIRE CAUCHEMAR

Robert Liston, un chirurgien écossais du XIXe siècle, est rentré dans l'histoire pour sa rapidité d'exécution, à une époque où l'anesthésie n'existait pas. Néanmoins, il lui arrivait de faire de petites bourdes, comme la fois où **il amputa une jambe en seulement 150 secondes, mais dérapa et sectionna aussi les testicules du patient**. Il a également effectué la seule opération avec un taux de mortalité de 300 % : son patient est mort d'une gangrène après l'opération, tout comme l'assistant de Robert, qui mourut d'une gangrène après que le docteur lui a accidentellement coupé les doigts. Enfin, un spectateur qui observait l'opération fut tellement choqué qu'il mourut de peur.

RARES

96 % des langues encore parlées aujourd'hui ne le sont que par 4 % de la population mondiale.

VOUS AVEZ DIT « FURTIF » ?

L'USS Zumwalt, un nouveau destroyer américain, est si furtif qu'en temps de paix, les marins doivent installer des réflecteurs pour faciliter sa détection. En effet, sa furtivité l'apparente à un petit navire de 15 mètres de long (alors qu'il en fait 181) sur les radars actuels.

L'AMAZONE SANS PONT

Contrairement à ce que l'on pensait jusqu'en 2008, on a découvert grâce à des images satellites que l'Amazone (6 992,06 km) était le plus long fleuve du monde, devant le Nil (6 852,15 km). Plus surprenant, il n'y a aucun pont sur l'Amazone. Pour espérer traverser le cours d'eau à pied ou en voiture, il faut en fait remonter plusieurs milliers de kilomètres depuis l'embouchure jusqu'à un de ses deux fleuves formateurs au Pérou, le Marañón ou l'Ucayali.

CONTE CRUEL

Avant d'être le dessin animé que l'on connaît, l'histoire de Pinocchio est d'abord un roman italien pour enfants sorti en 1881. Dans le livre original, le petit garçon ne devient pas ami avec le criquet. Au contraire, il le tue d'un coup de marteau. Sympa le bouquin pour enfant !

LE POUDLARD DES GEEKS

Le département informatique de l'université de Virginie propose un cours de cybersécurité intitulé « Défense contre les forces du mal ». L'histoire ne dit pas si les professeurs de ce cours arrivent à conserver leur poste plus d'une année.

ALLERGIE AU VIDE ?

Lors de tests d'aptitudes pour rentrer à la NASA, **Virgil Grissom, le deuxième astronaute américain à être allé dans l'espace, a failli être recalé, car il s'est révélé allergique au pollen.** La NASA ne sélectionnant que des astronautes en parfaite santé, ils ont refusé sa candidature – jusqu'au moment où Grissom leur a rappelé que dans l'espace, *a priori*, il y avait peu de chance de tomber sur du pollen.

MINE DE RIEN

La deuxième plus grande mine de sel au monde se trouve au Pakistan. On y produit environ 350 000 tonnes de sel rose himalayen par an et, parmi ses 18 étages de profondeur, on y trouve un bureau de poste ou encore une mosquée.

THE FAIL

Mary Toft, une Anglaise du XVIIIe siècle, a fait croire avec succès à tout un tas de docteurs britanniques qu'elle avait donné naissance à des bébés lapins. Le canular a duré plusieurs mois, et son histoire a même fait la une de tous les grands journaux de l'époque… Certains médecins et chirurgiens ont perdu toute crédibilité et vu leur carrière anéantie après être tombés dans le panneau.

MILLE MILLIARDS DE MILLE SABORDS !

Depuis 2009, des recherches médicales sérieuses étudient l'effet analgésique des gros mots. Pour l'instant, elles tendent à confirmer l'existence de cet effet : **crier des insanités juste après s'être cogné le petit doigt de pied contre une commode, ça aide vraiment à moins ressentir la douleur...** On ne sait pas trop comment, mais jurer entraîne une diffusion d'adrénaline supplémentaire dans le cerveau, adrénaline dont les effets antidouleur ne sont plus à prouver.

BEN LADEN RECONVERTI

À Rio de Janeiro, il existe un bar qui s'appelle « La Caverne de Ben Laden » où tu peux te faire servir des pintes par un véritable sosie du terroriste le plus connu au monde...

RATS-SOLEILS

Dans la petite ville de Deshnok, en Inde, se trouve le temple de Karni Mata. Là-bas vivent plus de 25000 rats sacrés. Il est possible de visiter ce temple pour faire des offrandes à ces mignonnes petites bestioles, mais attention, il faut retirer ses chaussures à l'entrée et faire gaffe à ne pas marcher sur un rat !

CHANGEMENT D'AMBIANCE...

La guerre civile syrienne a éclaté en mars 2011. En 2010, le pays accueillait plus de touristes que l'Australie.

EN UN MOT COMME EN CENT...

Le terme « Mamihlapinatapai », issu du dialecte amérindien yagan, est le détenteur du record du mot le plus succinct, toutes langues confondues. Il est considéré comme étant le mot le plus difficile à traduire. En effet, la traduction correspond à peu près à « un regard partagé par deux personnes, chacune d'entre elles voulant que l'autre personne initie quelque chose que toutes les deux espèrent, mais aucune ne veut faire le premier pas ».

C'EST DIT.

Contrairement aux idées reçues, uriner sur une brûlure de méduse ne sert absolument à rien.

UN DM CLASSÉ TOP SECRET

En 1976, pour un travail à la maison, un étudiant américain à l'université de Princeton est parvenu à reproduire seul le fonctionnement et le design complet d'une bombe nucléaire. Tant mieux pour lui, l'étudiant a reçu la note maximale, mais les autorités ont tout de suite mis la main sur ses travaux, pour ne jamais les lui rendre... Maintenant, son devoir fait partie des fichiers classés top secret dans les locaux du FBI.

BOULET

Jusqu'en 1973, un acacia unique se trouvait au milieu du désert du Ténéré. C'était le seul arbre à 150 km à la ronde et, donc, le plus isolé du monde. Il a été renversé par un camionneur ivre qui passait par là. Oui, le mec s'est pris le seul et unique obstacle à 150 km à la ronde.

Lorsqu'un individu respire par le nez, il inspire toujours plus d'air par une narine que par l'autre… Mais ce n'est pas toujours la même, loin de là : la narine « dominante » et la narine « dominée » vont intervertir leur rôle toutes les quinze minutes environ.

FINE ÉQUIPE

SHAKESPEARE ET POCAHONTAS ÉTAIENT CONTEMPORAINS.

CONNECTED OR NOT CONNECTED

L'Islande est le premier, et pour l'instant le seul pays au monde, à avoir atteint les 100 % de la population ayant un accès quotidien à Internet. À l'inverse, l'Érythrée est tout en bas du classement avec seulement 1,1 % de sa population connectée au net.

MOUNTAIN MAN

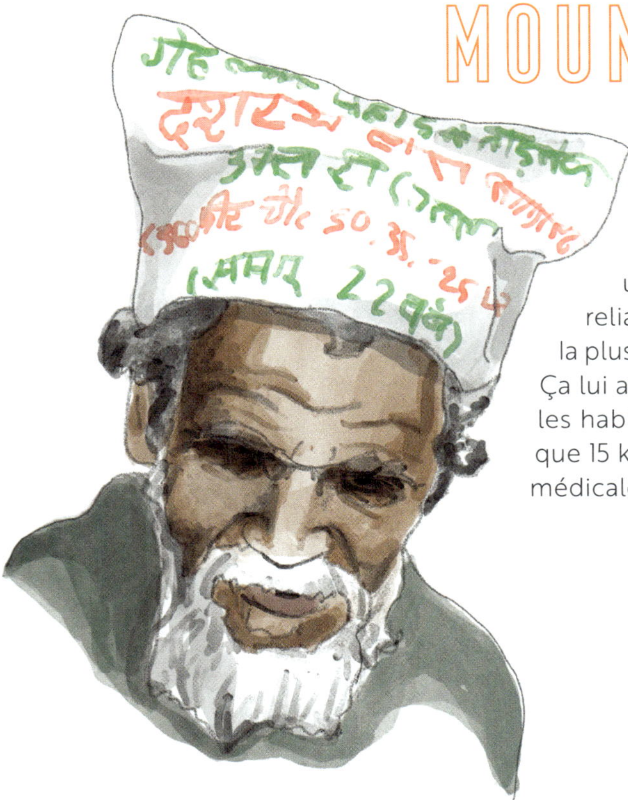

Dashrath Manjhi, également connu sous le nom de Mountain Man, est un Indien qui a creusé à même la roche un tunnel de 110 m de long reliant son village (Gehlaur) à la ville la plus proche ayant un hôpital (Gaya). Ça lui aura pris 22 ans, mais grâce à lui, les habitants de son village n'ont plus que 15 km à parcourir en cas d'urgence médicale, contre 55 km auparavant !

TOTAL EXCÈS DE ZÈLE

En 1992, un groupe de scoutisme appelé Éclaireuses Éclaireurs de France prit la décision de nettoyer la grotte de Mayrière, sans avoir demandé l'autorisation à la préfecture du Tarn-et-Garonne au préalable. Sauf qu'ils ont effacé des peintures préhistoriques vieilles de 15000 ans, en les confondant avec de la pollution. Une bourde d'une conséquence inestimable pour les historiens et anthropologues...

PREMIER NÉ

La base Esperanza est une station de recherche située en Antarctique. Elle s'est fait connaître du grand public le 7 janvier 1978, suite à la toute première naissance sur le continent : Emilio Marcos Palma restera inscrit au *Livre Guinness des records* comme le seul être humain de l'Histoire connu pour avoir été le premier à naître sur un continent Antarctique.

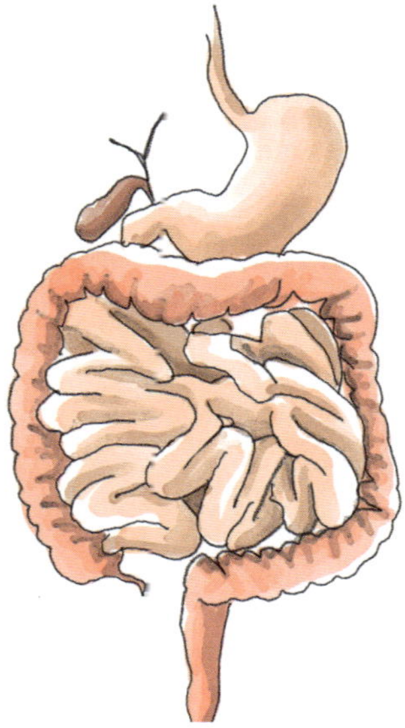

BALÈZE, L'ESTOMAC

Les acides produits par l'estomac sont suffisamment puissants pour dissoudre certains métaux, comme le zinc.

LE HARA-KIRI DU PLONGEUR

En 2002, en Croatie, un plongeur a été retrouvé poignardé. Selon les autorités, coincé dans une grotte sous-marine et se sachant condamné, il se poignarda lui-même pour éviter l'agonie d'une noyade. C'est l'unique cas connu à l'heure actuelle d'un suicide pendant une plongée.

ÉCOLO MAIS PAS ALCOLO

Un temple bouddhiste situé dans la petite ville de Sisaket est entièrement réalisé à base de bouteilles de bière. Les moines qui y vivent ne consomment pas d'alcool mais, à force de ramasser des bouteilles vides à des fins écologiques, ils ont décidé de construire tout un complexe religieux avec.

INTERDIT AU MOINS DE 18 ANS

Au musée archéologique national de Naples se trouve une salle très particulière, baptisée « le cabinet secret ». Elle n'est ouverte au public que depuis 2000, car les œuvres qui y sont conservées ont longtemps été jugées trop choquantes. **La collection regroupe des sculptures, peintures et mosaïques très érotiques qui datent de l'Empire romain,** et qui prouvent qu'à l'époque, il y avait peu de tabous autour de la sexualité !

Il existe un championnat du monde de polo à dos d'éléphant.

PARDONNE TON PROCHAIN

En 1981, Mehmet Ali Ağca tire plusieurs balles sur le pape Jean-Paul II et est condamné à la prison à perpétuité. Le pape s'en sort miraculeusement. Deux ans plus tard, il rend visite à son agresseur en prison et lui pardonne son geste.

LE MARCHÉ DES SORCIÈRES

À La Paz, la capitale bolivienne, il y a un marché baptisé le Marché des sorcières, où on peut trouver toutes sortes d'objets rituels utilisés dans la magie amérindienne. On a le choix entre des crapauds séchés, des amulettes ou encore des fœtus de lamas séchés. Bon appétit !

DES ŒUFS AU PIPI

Les *Tong zi dan* ou « œufs de garçon » sont une spécialité culinaire de la ville chinoise de Dongyang. **Ce sont des œufs de poule cuits dans de l'urine de garçons de moins de 10 ans.** Encore une fois, bon appétit !

QUI NE TENTE RIEN...

En Turquie, la rivière *Batman* traverse la ville de Batman, au sein du district de Batman, dans la province de Batman. En 2008, le maire de cette ville a porté plainte contre les producteurs du *Batman, The Dark Knight – Le Chevalier noir,* prétextant qu'il se servait du nom de sa ville sans autorisation.

VILLE ABANDONNÉE

Dans les années 1920, la ville de Kolmanskop en Namibie florissait grâce à plusieurs gisements de diamants aux alentours. Elle était habitée par des centaines de mineurs et possédait un théâtre, un casino et même un gymnase. Malheureusement, dès les années 1930, le marché s'effondra, et la ville fut définitivement abandonnée dans les années 1950. Aujourd'hui, c'est une des villes abandonnées les plus célèbres en Afrique.

DANS CERTAINS PAYS COMME L'ALBANIE, ON INCLINE LA TÊTE POUR DIRE « OUI » ET ON LA SECOUE POUR DIRE « NON ».

ROCHERS MOUVANTS

Racetrack Playa est un lac se trouvant en Californie. Il est la plupart du temps asséché et sa particularité est de contenir des rochers qui semblent se déplacer avec le temps. Personne ne sait encore exactement comment expliquer ces mouvements, mais il semblerait que ce soit lié au fait que le lac gèle en hiver. La glace déplacerait les rochers en fondant.

LE SOSIE MALÉFIQUE

En 1999, Richard Anthony Jones est arrêté pour vol aggravé dans un Walmart. Déclaré coupable suite à de simples témoignages, il écope de 19 ans de prison ferme. Mais lui n'en démord pas : il est innocent. Ce n'est qu'après 17 ans d'incarcération que la justice va enfin le prendre au sérieux... Grâce à ses codétenus ! Ils s'étonnent en effet de la ressemblance entre Richard et un autre mec de la prison : Ricky. En plus, après enquête, les avocats découvrent que Ricky vivait dans le coin du Walmart au moment des faits... Ils demandent un nouveau procès. **Les témoins clés du premier procès sont incapables de faire la différence entre Richard et Ricky : Richard est donc innocenté et libéré après 17 ans de prison.**

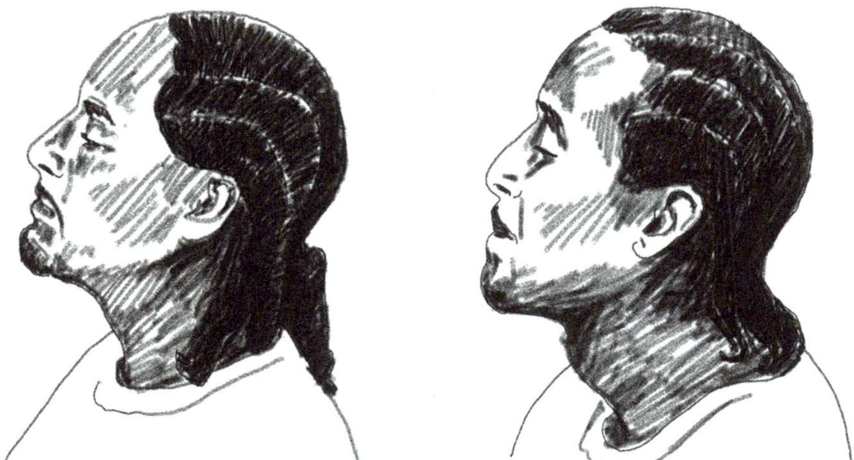

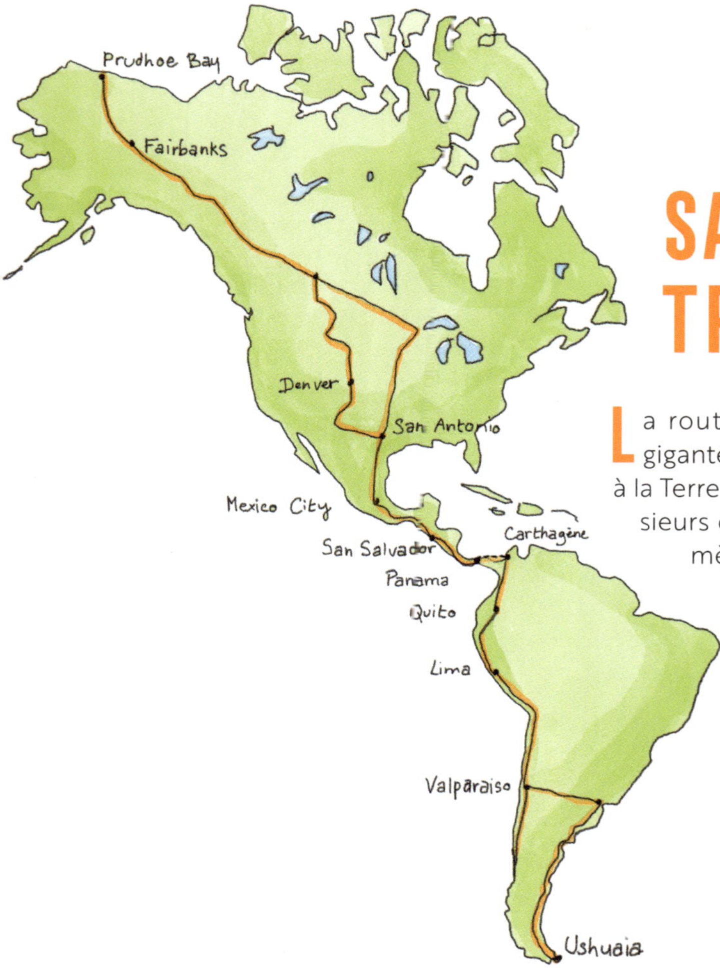

SACRÉ ROAD TRIP !

La route panaméricaine est une gigantesque voie qui va de l'Alaska à la Terre de Feu. L'ensemble fait plusieurs dizaines de milliers de kilomètres de long. Mis à part une section entre le Panama et la Colombie où il n'existe aucune route, cette voie permet donc théoriquement de traverser toute l'Amérique du nord au sud.

#SYNDROMECHELOU

Le syndrome de la grossesse du chiot est une maladie psychosomatique que l'on retrouve dans des régions rurales en Inde, et qui a créé de nombreuses vagues de paniques à travers les époques. **Les victimes sont persuadées, après avoir été mordues par un chien, de tomber enceintes de chiots...** Hommes et femmes peuvent en être victimes et les hommes touchés sont particulièrement effrayés, car il est dit qu'ils accoucheront des chiots par le pénis.

Saint-Louis-du-Ha ! Ha ! est la seule ville au monde à avoir deux points d'exclamation dans son nom. Elle se trouve au Québec et, oui, si tu te poses la question, il existe bien une ville qui n'a qu'un seul point d'exclamation dans son nom : Westward Ho !, en Angleterre.

HA ! HA !

IL Y A PLUS DE PYRAMIDES DANS LE NORD DU DÉSERT SOUDANAIS QU'EN ÉGYPTE.

POUPÉES RUSSES, VERSION WIKIPÉDIA

Il existe un article sur le Wikipédia en anglais, très utile au demeurant, qui s'intitule « *List of lists of lists* », littéralement : « liste de listes de listes ». Et, comme son nom l'indique, c'est une liste qui liste des listes qui listent des listes.

MARÉE ROUGE

L'île Christmas est une île australienne se trouvant à environ 1600 km des côtes australiennes dans l'océan Indien. Tous les ans, au mois de novembre, des millions de petits crabes rouges traversent l'île pour pondre sur les plages, ce qui provoque des scènes assez surréalistes, où le sol se transforme en une immense mer rouge.

TRICHEURS

En Corée du Nord, l'agence de presse officielle (Uriminzokkiri) possède un site Internet et sa propre chaîne YouTube. En 2013, cette agence de presse a publié une vidéo de propagande montrant notamment des images de New York en flammes... Sauf que la vidéo s'est fait striker au bout de quelques jours par Activision, qui a remarqué que les Nord-Coréens avaient utilisé sans leur autorisation des extraits protégés de *Call of Duty 3 – Modern Warfare*.

UN AUTEUR INCREVABLE

Ernest Hemingway, célèbre écrivain, a survécu entre autres à la maladie du charbon, à la pneumonie, à la dysenterie et au diabète. Il a aussi fait de l'hypertension artérielle, s'est fait de multiples fractures, s'est rompu la rate, le rein et le foie. Il a survécu à deux crashs aériens, a été grièvement blessé pendant la Première Guerre mondiale et il s'est finalement suicidé en 1961, à l'âge de 61 ans.

CLUB TRÈS SELECT

En Californie, au sein du parc Disneyland, se trouve le club 33. **Il s'agit d'un cercle privé assez secret que Walt Disney avait créé pour ses amis fortunés.** L'abonnement annuel pour en faire partie tourne autour des 10 000 $, mais même si tu as cette somme, la liste d'attente pour y entrer est de toute façon de plusieurs années.

PROFESSION : PIGEON REPORTER

Au début du siècle dernier, et notamment pendant la Première Guerre mondiale, lorsque l'aviation n'en était qu'à ses débuts, beaucoup de pigeons ont été utilisés pour photographier des zones stratégiques. Sachant qu'un pigeon revient toujours à son pigeonnier, il suffisait de lui accrocher un petit appareil photo et de le lâcher de l'autre côté de la zone visée.

RADIO ÉCOLE

En 1950, des enseignants australiens ont eu l'idée de fournir des postes radio à des familles vivant dans les fermes isolées de l'outback, pour permettre aux enfants d'obtenir une éducation. Des centaines d'enfants qui étaient dans l'incapacité d'aller à l'école (car vivant trop loin de tout) ont pu bénéficier de ce système pendant des décennies.

PRENDS-EN DE LA GRAINE

Le coco de mer est un palmier qui ne pousse qu'aux Seychelles. Ses graines sont les plus grosses du monde et peuvent peser jusqu'à 27 kg.

UNE MOMIE ENTERRÉE AU CIMETIÈRE

Henry Sheldon, un historien du Vermont, avide collectionneur de choses insolites, avait mis la main sur une momie égyptienne d'un petit garçon de 2 ans, mort il y a plus de 3500 ans, qu'il avait ensuite laissé traîner dans son grenier. Ce n'est qu'en 1950, quelques années après la mort de l'historien, que la petite momie a eu droit à une vraie sépulture. Elle est enterrée dans le cimetière de Middlebury. Autant te dire que c'est certainement l'un des plus vieux occupants d'un cimetière américain !

LA VENISE AFRICAINE

Entre les XVIIe et XVIIIe siècles, le royaume africain du Dahomey, fondé par les Fon, était un acteur principal du commerce d'esclaves avec les Portugais. Les Tofinu, une tribu qui habitait dans le centre du Bénin, connaissaient l'interdiction religieuse des Fon d'entrer dans l'eau. Pour échapper à l'esclavage, ils construisirent alors un nouveau village, entièrement sur pilotis, sur le lac Nokoué. Ce village existe encore et compte environ 30000 habitants.

LES CIMETIÈRES SUSPENDUS

À Sagada, aux Philippines, les habitants n'enterrent pas leurs défunts, mais les font reposer dans d'étroits cercueils en bois, hissés et accrochés à des parois rocheuses. Selon les croyances locales, cette coutume facilite la montée au ciel.

DRAPOISEAU

L'Albanie, l'Équateur, la Serbie, le Mexique, la Zambie, la Dominique, le Kazakhstan, le Zimbabwe, l'Égypte, la Bolivie, la Papouasie-Nouvelle-Guinée, les îles Kiribati, la Moldavie, le Monténégro et l'Ouganda ont tous un point commun : il y a un oiseau sur leur drapeau national.

LA DOUCHE ÉCOSSAISE

C'est tout à fait contre-intuitif, mais exposée à des températures négatives, l'eau chaude gèle bien plus rapidement que l'eau froide.

DES LIVRES-JARDINS

À l'université de Padoue sont exposés une cinquantaine de livres en bois présentant chacun une essence d'arbre. Normalement, un livre est fait de papier, lui-même fait à base de bois, mais ces livres si particuliers sont réalisés en bois brut, extrait de l'essence qu'ils présentent. À l'intérieur, on trouve des exemples de feuilles, de fleurs ou encore de racines.

DES AMÉRINDIENS MAGICIENS

Au Costa Rica, des centaines d'énormes sphères mégalithiques ont été retrouvées dans le sud du pays. Personne n'arrive à comprendre comment les Amérindiens sont parvenus à tailler et à déplacer ces pierres presque parfaitement sphériques. La plus grande pèse environ 16 tonnes et, malheureusement, beaucoup d'entre elles ont été détruites à cause d'une légende locale qui dit qu'en leur centre se trouve une réserve d'or.

POUR LE PIRE ET POUR LE PIRE

En France, il est possible d'épouser quelqu'un à titre posthume depuis 1803. Cependant, il faut pouvoir prouver que le défunt avait l'intention de se marier, justifier de « circonstances graves » (comme une grossesse ou un attentat) et obtenir l'autorisation par décret du président de la République.

L'ÎLE INTERDITE SOUS PEINE DE MORT IMMÉDIATE

L'île brésilienne de Queimade Grande est strictement interdite d'accès, car extrêmement mortelle. Elle abrite en effet une énorme population de *Bothrops insularis*, une des espèces de serpents les plus venimeux du monde (et endémique à cette île). Personne n'a survécu assez longtemps après une morsure de ce serpent pour rejoindre un hôpital.

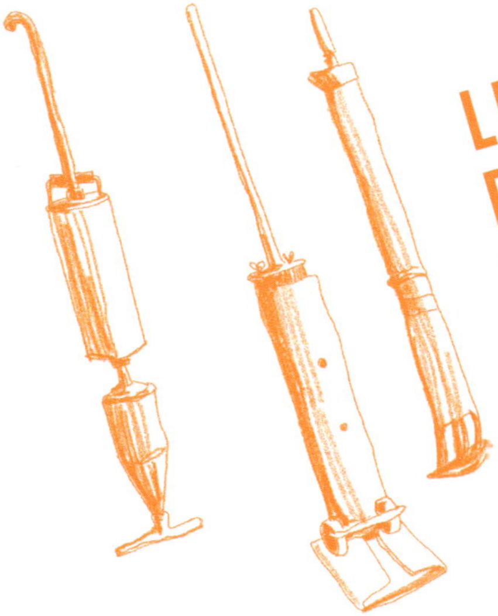

LE PARADIS DE MONSIEUR PROPRE

Pas loin du musée de la pomme de terre, à Blackfoot, se trouve un autre musée hors du commun. **Dans la petite ville de Pocatello, tu peux visiter une énorme collection d'objets en rapport avec le ménage. Vieux aspirateurs, produits pour cirer les chaussures…** *Le Clean Museum* (Musée du propre) se veut aussi éducatif et montre l'importance d'une vie « propre et saine ».

UN ÉTOILÉ POUR 5 €

À Singapour, un petit restaurant de rue qui fait de la cuisine traditionnelle a obtenu une étoile au guide Michelin. Avec des plats aux alentours de 5 €, c'est le restaurant étoilé le moins cher du monde !

ÉCRIVAIN PROPHÈTE

En 1838, Edgar Allan Poe décrit dans son unique roman achevé, *Les Aventures d'Arthur Gordon Pym*, l'histoire d'un navire naufragé et de quatre marins obligés de manger l'un des leurs pour survivre. Quarante-six ans plus tard, cette histoire est réellement arrivée et l'homme qui fut mangé possédait le même nom que le héros du roman de Poe : Richard Parker.

UN HÔPITAL POUR LA HAUTE

Jusqu'à peu, un hôpital vétérinaire se situant à Abu Dhabi ne soignait que des faucons. Depuis, le lieu s'est ouvert à d'autres animaux, mais plus de 11 000 faucons y sont toujours amenés chaque année.

COMME DES SARDINES

En superficie, le Bangladesh est 116 fois plus petit que la Russie. Et pourtant, la population du Bangladesh est supérieure à celle de la Russie, avec 161 millions d'habitants recensés contre « seulement » 140 millions en Russie.

DE L'ART VU DU CIEL

Les géoglyphes de Nazca sont d'énormes figures tracées dans le désert péruvien, pouvant atteindre des dizaines de mètres de long. Il est très difficile de les distinguer vu du sol et on se demande encore comment les peuples primitifs ont fait pour les tracer avec une telle précision.

60 TONNES VENUES DE L'ESPACE

La plus grosse météorite connue pèse plus de 60 tonnes et se trouve en Namibie, à l'endroit même où elle s'est écrasée il y a environ 80 000 ans. Elle peut être visitée et touchée.

LA VILLE ENTERRÉE

En 2014, dans la ville de Kayseri, en Turquie, Mustafa Bozdemir entreprend des travaux dans la cave de la maison qu'il habite depuis presque une décennie. Il fait alors une découverte historique : depuis des années, il habitait sans le savoir au-dessus d'une ville souterraine, vieille de 5000 ans... Celle-ci s'étend sur 52 pièces et 4000 m2, et pouvait contenir jusqu'à 15000 personnes !

PLONGEON HIPPIQUE

Des années 1880 jusqu'aux années 1960, la ville d'Atlanta possédait une attraction unique au monde : le plongeon de cheval. Sur un promontoire de 18 mètres de hauteur, un cavalier et son cheval sautaient dans l'océan Atlantique. En 1932, Sonora et Red Lips, une cavalière et son cheval plongeur, ont eu un grave accident, qui a coûté la vie à Red Lips, et la vue à Sonora. Mais la nana, aveugle et pas impressionnée, a continué le plongeon à cheval pendant des années. Finalement, cette pratique a été interdite il y a une cinquantaine d'années, considérée comme trop dangereuse, et trop cruelle pour ces pauvres montures.

L'UNIVERS DANS NOTRE CERVEAU

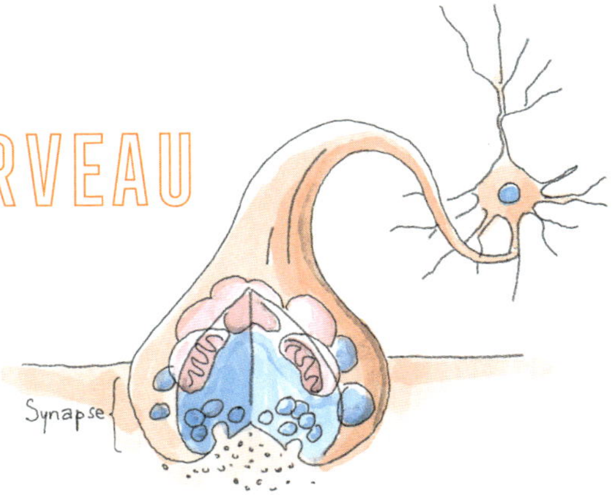

Une synapse désigne une zone de contact dans notre cerveau qui permet d'assurer la communication entre deux neurones, ou entre un neurone et une autre cellule. Selon les scientifiques, nous possédons dans nos cerveaux beaucoup, beaucoup plus de synapses qu'il n'y a d'étoiles dans la Voie lactée. En effet, on estime à 200 milliards le nombre d'étoiles dans notre galaxie, alors que nous possédons environ 1000 billons de synapses, soit 5000 fois plus.

UNE RACINE ET UN HOMME

La première colonie à s'implanter dans l'état américain de Rhode Island est fondée en 1644 par Roger Williams. Ce dernier est décédé en 1684. Presque deux siècles après, en 1860, son cercueil est déterré : à la place de son corps se trouve une grosse racine d'arbre qui a vaguement la forme d'un être humain. Beaucoup de légendes entourent cette histoire. Quoi qu'il en soit, cette racine est exposée au John Brown House Museum, à Providence, dans l'état de Rhode Island.

PARCOURS FLÉCHÉS VUS DU CIEL

Avant l'utilisation de radios dans les avions, les pilotes des lignes aériennes postales se dirigeaient notamment avec d'énormes flèches en béton construites à même le sol. Il en reste quelques-unes aux États-Unis, dans le Montana, pas loin de la ville d'Helena.

JURASSIQUE UN JOUR...

L**e stégosaure** est une espèce de grand dinosaure ayant vécu à la fin du jurassique, entre 156 et 140 millions d'années avant notre ère. Le tyrannosaure, rendu célèbre par la saga *Jurassic Park*, a vécu à la fin du crétacé, il y a 65 millions d'années. Du coup, chronologiquement, **le tyrannosaure** est nettement plus proche de nous que du stégosaure ! Ça donne une petite idée du temps incroyablement long pendant lequel les dinosaures ont régné sur la planète.

EN AVANT TOUTE

La présence du kangourou et de l'émeu sur les armoiries de l'Australie s'explique par le fait que ce sont des espèces endémiques de l'île. Mais c'est aussi parce que ces deux animaux ne peuvent pas reculer : **ils symbolisent donc le progrès du pays.**

EN CORÉE DU SUD, IL EST MAINTENANT ILLÉGAL DE TRICHER ou de programmer des logiciels de triche dans le monde du jeu vidéo.

L'ORIGINE DES X-MEN ?

Le tétrachromatisme est une mutation génétique rare, qui touche uniquement quelques femmes sur la planète. Alors que la plupart des êtres humains possède trois cônes dans les yeux pour réceptionner les signaux lumineux, ces femmes en ont quatre. La conséquence ? Tout simplement la capacité de percevoir jusqu'à 100 millions de couleurs supplémentaires !

LA MAIN DE DIEU ?

En 1998, la foudre s'est abattue sur un terrain de foot pendant un match au Congo. Tous les membres d'une des deux équipes sont morts tandis que l'autre n'a pas compté un seul blessé.

LA LAURÉATE ÉTAIT UN LAURÉAT

En 2017, pour recruter de nouveaux mannequins, une marque de lingerie russe organise un grand concours de beauté : les participantes doivent envoyer des photos où elles portent la lingerie de la marque. Très vite, une superbe brune élancée fait l'unanimité au sein du jury, qui la déclare gagnante. Sauf que cette femme est en fait un homme au physique androgyne et très bien maquillé ! Andrey, de son prénom, a dévoilé la supercherie aussitôt le résultat du concours annoncé… au grand dam des organisateurs, qui l'ont disqualifié !

POLICE DE LUXE

La police de Dubaï possède une flotte de véhicules très spéciale. Elle est notamment composée de certaines des voitures les plus luxueuses et les plus rapides au monde comme des Lamborghini Aventador, des Ferrari FF ou encore des Chevrolet Camaro SS. Il vaut mieux éviter les excès de vitesse là bas !

CARPE DE NOËL

En Slovaquie, en Pologne ou encore en République tchèque, une des traditions de Noël veut que l'on mange de la carpe panée. Certains poussent la tradition jusqu'au bout et achètent quelques jours auparavant leur carpe vivante. Afin de la garder en vie jusqu'au festin, la carpe nage alors tranquillement dans la baignoire familiale.

MORTS DE PÈRE EN FILS POUR UN BARRAGE

Pendant la construction du barrage Hoover, le plus grand des États-Unis, ce n'est pas moins de 112 personnes qui ont trouvé la mort prématurément. La toute première victime en rapport avec le chantier est George Tierney, mort noyé en 1922 alors qu'il était en repérage pour déterminer l'endroit idéal. En 1935, le dernier ouvrier à donner sa vie pour le barrage s'appelait Patrick Tierney... C'était le fils de George.

LA RUÉE VERS L'EAU

Au lac Antogo, au Mali, la pêche n'est autorisée qu'un seul jour par an, pendant la saison sèche, lorsqu'il y a le moins d'eau. Ce jour-là, des milliers d'hommes, armés uniquement de paniers en roseaux, se précipitent dans le lac et le vident entièrement de ses poissons en moins de 15 minutes. Les poissons sont ensuite répartis équitablement entre toutes les familles.

QUESTION D'HYGIÈNE

Dans beaucoup de pays du monde, comme l'Inde par exemple, une grande partie de la population considère que le papier toilette est peu hygiénique, préférant utiliser de l'eau avec la main gauche pour se laver l'anus. C'est notamment pour cette raison qu'il est jugé très sale de se servir de cette main pour manger.

CHERCHE BABYSITTER – ÂME SENSIBLE S'ABSTENIR

En juin 2017, une famille écossaise a posté sur le site childcare.co.uk une petite annonce pour le moins incongrue : recherche baby-sitter pour 5 000 € par mois. La raison d'un tel salaire ? D'après leurs dires, la maison familiale serait hantée, et les cinq dernières nounous de leurs deux enfants se sont enfuies à la suite d'évènements surnaturels... Alors, tu prendrais le job ?

ÉCHANGE DE BONS ET MOINS BONS PROCÉDÉS

Une mère enceinte et son bébé échangent pendant la grossesse des cellules. Par exemple, il a été prouvé que certaines cellules fœtales pourraient aider à la cicatrisation d'une blessure de la maman. À l'inverse, d'autres cellules fœtales pourraient dérégler le système immunitaire de la mère et provoquer des maladies auto-immunes !

L'APPENDICITE DE L'EXTRÊME

En 1961, le docteur soviétique Leonid Rogozov était le seul médecin d'une expédition en Antarctique. Problème : il s'est réveillé un jour avec une énorme douleur au ventre et, en dernier recours, a dû s'auto-opérer de l'appendicite.

TROP BONNE ÉLÈVE

La Suède est si efficace dans son recyclage public qu'elle se retrouve chaque année à court de déchets, et se voit obligée d'en importer depuis la Norvège pour alimenter ses programmes énergétiques.

ON N'ARRONDIT PAS PI

En 1897, l'Assemblée législative de l'Indiana aux États-Unis a failli adopter une loi qui voulait déterminer, tout à fait arbitrairement, la valeur de Pi. Les politiciens trouvaient ça plus simple si tout le monde se mettait d'accord sur le fait que Pi = 3,2 même si, bien sûr, ce n'est pas exact… Les gars ne comprenaient pas qu'on ne puisse pas décider de la valeur de Pi, mais qu'il fallait en fait la découvrir ! Heureusement, grâce à l'intervention d'un professeur de mathématiques inopinément présent dans l'assemblée, la loi n'a pas été adoptée.

SACRÉE PIZZA

La pizza Margherita aurait pour origine la visite de la reine italienne Marguerite de Savoie à Naples en 1889. En son honneur, le pizzaiolo Raffaele Esposito créa une pizza aux couleurs du drapeau italien : des tomates pour le rouge, de la mozzarella pour le blanc et du basilic pour le vert.

CACHE-CACHE GÉANTS CHEZ IKEA

En juillet 2014 a eu lieu la toute première partie de cache-cache géant dans un magasin Ikea à Wilrijk, en Belgique flamande. C'est une femme belge qui en a eu l'idée, et qui a organisé l'évènement sur Facebook, sans jamais demander l'autorisation à Ikea, bien sûr. Depuis, le phénomène a pris une telle ampleur aux Pays-Bas et en Belgique que la multinationale suédoise a dû faire interdire les cache-cache géants dans ses magasins...

GROS GROS BOUDDHA

Les trois plus grandes statues du monde sont toutes des représentations de Bouddha. La plus grande de toutes est le Bouddha du Temple de la Source, en Chine : la statue mesure 128 m de haut, soit plus de trois fois la taille du Christ rédempteur de Rio de Janeiro. Mais là où ça devient encore plus impressionnant, c'est que si on prend son piédestal en compte, elle atteint les 208 m de haut, soit plus du double de la statue de la Liberté...

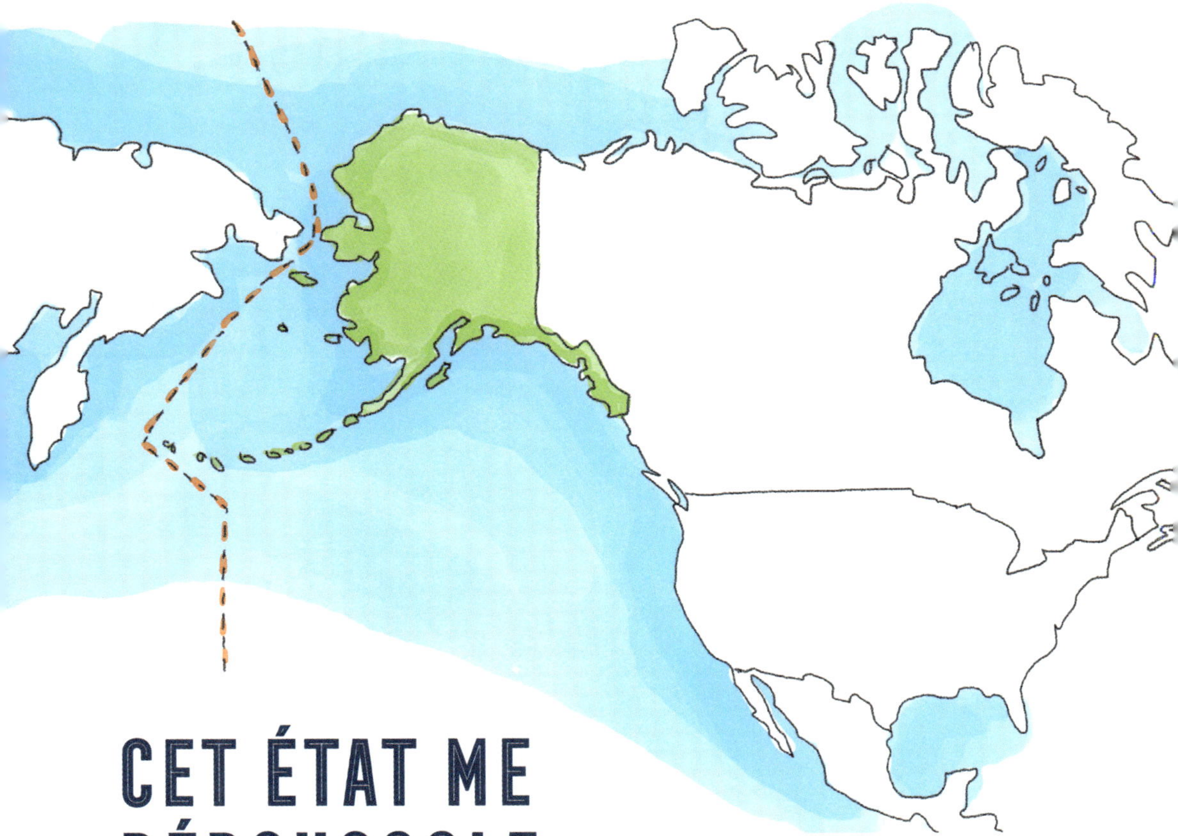

CET ÉTAT ME DÉBOUSSOLE...

À cause des particularités des fuseaux horaires, l'Alaska, en plus d'être de très loin l'état américain le plus vaste, est également celui le plus au nord, le plus à l'ouest, mais aussi le plus à l'est des États-Unis. Si, si, je te jure ! Regarde sur une carte : certaines îles qui dépendent de l'Alaska sont très proches de la Russie et donc de l'autre côté de la limite de changement de date.

GHOST MARRIAGE

Dans certaines tribus du Soudan du Sud, à la mort d'un mari, la veuve doit le remplacer par son beau-frère... Cette pratique s'appelle le « *ghost marriage* » et sert essentiellement à perpétuer la lignée : tous les enfants conçus par le frère et la veuve sont considérés comme des descendants du défunt.

UNE BOMBE A PERDUE DANS L'ATLANTIQUE

Il existe une bombe nucléaire intacte, pesant plus de trois tonnes, perdue au large des États-Unis. La bombe a été parachutée au-dessus de l'océan Atlantique en 1958 par un pilote de l'US Air Force dont l'avion avait été endommagé, et qui avait peur que la bombe n'explose à cause des turbulences. La marine américaine l'a cherchée pendant des mois, mais n'a jamais retrouvé l'engin...

AGENT TRÈS DOUBLE

L'Espagnol Joan Pujol Garcia était très probablement l'agent double le plus talentueux et efficace de la Seconde Guerre mondiale. Il était si bon qu'il est entré dans l'Histoire comme étant la seule personne à avoir reçu les plus hautes distinctions militaires, aussi bien dans le camp des Alliés que dans celui de l'Axe.

LICORNE VS COQ

Plusieurs pays dans le monde – comme le Bhoutan, la Chine ou encore la Grèce – ont des animaux mythologiques pour emblème national. Les Écossais ont choisi la licorne pour symboliser la pureté de cœur, l'honneur et l'indépendance de leur peuple. Faut avouer que c'est un peu plus stylé que notre coq français.

UN JARDIN ENTERRÉ

Au début du XXe siècle, Baldassare Forestiere, un immigré italien, débarque aux États-Unis en espérant faire fortune dans la culture du citron. Sauf qu'il a eu la bonne idée de s'installer à Fresno, en Californie, où niveau chaleur et climat sec, on atteint des records ! Il se met alors à creuser d'immenses grottes et galeries souterraines, seul. Il y plante des arbres de toutes sortes et, au fil des années, c'est un véritable jardin souterrain qui se créé, avec système d'aération et ouvertures lumineuses. Si ça, ce n'est pas insolite...

ERROR 404 ? EH NON !

Taumatawhakatangihangakoauauotamateaturipukakapikimaungahoronukupokaiwhenuakitanatahu. Non, non, ce n'est pas une erreur d'impression, c'est le nom d'une colline en Nouvelle-Zélande. Avec 85 caractères, il s'agit du nom propre le plus long qu'on connaisse.

LA BARRIÈRE À DINGOS

La plus longue barrière du monde se trouve en Australie. Elle se nomme la « barrière à dingos », et a été construite dans les années 1860. **Elle parcourt plus de 5 320 km et permet de protéger les élevages de moutons des nombreux dingos,** sortes de chiens sauvages, qui peuplent le territoire.

SEULS AU MONDE

Tristan da Cunha est l'île habitée la plus isolée au monde. Pour s'y rendre, il faut sept jours en bateau depuis le Cap, en Afrique du Sud. L'île appartient à la couronne britannique et comptait 269 habitants au dernier recensement.

VOILÀ VOILÀ

Selon un sondage effectué en 2017, 5 % des Américains (soit quand même près de 17 millions de personnes) pensent que si le lait chocolaté est marron c'est parce qu'il provient d'une vache de cette couleur.

DUPOND ET DUPONT

Jim Lewis et Jim Springer sont deux « vrais » jumeaux qui ont été séparés peu de temps après leur naissance, et ne se sont retrouvés que bien plus tard, à l'âge de 39 ans, en 1979. À l'époque, les effarantes similarités de leurs vies respectives ont défrayé la chronique. Tous deux avaient une femme et un fils qui portaient le même prénom (Linda et James Allan), même leurs chiens s'appelaient pareil (Toy) ! Mais ce n'est pas tout, ils possédaient la même voiture, de la même couleur, fumaient les mêmes cigarettes, buvaient les mêmes bières, et passaient leurs vacances au même endroit…

NO DOG

Depuis le 13 mars 1994, les chiens sont interdits en Antarctique afin de préserver le continent d'éventuels virus et micro-organismes présents sur les animaux.

LE LUPANAR DES CHIENS

Dans la ville de Belo Horizonte, au Brésil, s'est ouvert en 2012 un « love hôtel » pour chiens. Au sein du *Animalle Mundo Pet*, un complexe gigantesque dédié aux animaux de compagnie, les propriétaires de chiens déboursent l'équivalent de 40 € pour qu'un couple canin dispose de sa propre chambre toute une journée. Lumière tamisée, musique sensuelle et miroir en forme de cœur égayent la pièce. Je ne suis pas sûr que les chiens comprennent vraiment ce qui leur arrive, mais bon...

CASSE-TÊTE MATHÉMATIQUE

« Tout nombre entier pair supérieur à 3 peut s'écrire comme la somme de deux nombres premiers. » Cette hypothèse, appelée conjecture de Goldbach, paraît toute simple à démontrer. Et pourtant, cela fait 350 ans que tous les meilleurs mathématiciens de la planète s'y sont cassé les dents. Il s'agit du plus vieux problème mathématique non résolu...

COUP DE SAVATE SUR BUSH

À Tikrit, dans le centre-nord de l'Irak, il existe un monument assez particulier : une sculpture en métal d'une chaussure géante, d'une hauteur de 1 m 50, et d'une longueur de 2 m 50. Le monument a été érigé en l'honneur de l'homme qui a un jour jeté sa chaussure à la face du président américain George W. Bush !

COUP DE FROID AU ZOB

Ken G, un Anglais de 64 ans, a été admis aux urgences en janvier 2013 avec le sexe gelé. Complètement ivre, le sexagénaire s'était pris de passion pour un bonhomme de neige, qu'il avait « violé » pendant de longues minutes avant de se rendre compte que... ben, le froid, ça fait mal !

MISS INSUBMERSIBLE

Au cours de son existence, l'infirmière britannique Violet Constance Jessop a survécu à trois accidents navals. Ceux de l'Olympic, du Titanic et du Britannic, trois énormes paquebots de la White Star Line. Sa chance absolument incroyable lui a valu le surnom de Miss insubmersible !

FILLE MANQUÉE

Dans les îles Samoa, en Océanie, une vieille tradition veut qu'une famille élève le plus jeune des garçons en tant que fille si cette famille possède déjà trop de garçons. Ces enfants deviennent alors des fa'afafine, et sont considérés comme un genre à part entière, bénéficiant notamment d'un statut juridique particulier.

UN MÉTIER PAS GLAMOUR

En Chine, si tu veux bien gagner ta vie, une solution est de devenir renifleur de pets professionnel. L'idée est simple : passer son temps à sentir les pets de vos patients pour les diagnostiquer ! C'est vrai que la composition de nos gaz intestinaux, et donc leur odeur, peut donner certaines indications, mais bon, j'préfère quand même être radiologue !

DES CERCUEILS LOL

Au Ghana, depuis plusieurs décennies, les habitants ont pris l'habitude d'enterrer leurs morts dans des cercueils colorés et sculptés. Des artisans spécialisés s'occupent donc de construire des cercueils en bois aux formes diverses, pouvant aller du poisson, aux chaussures, ou encore au camion poubelle.

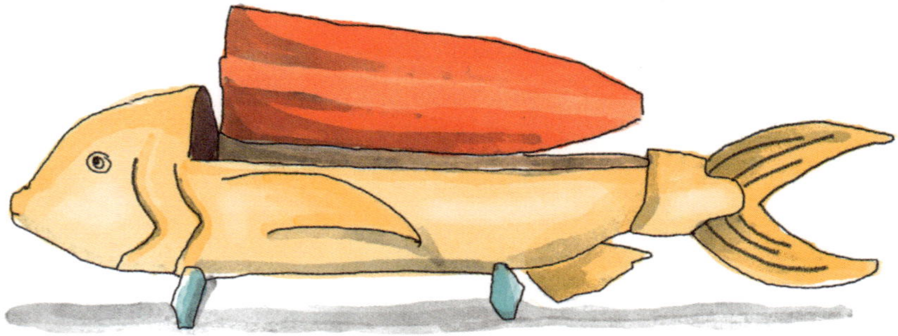

LE TROISIÈME ŒIL

L'iguane possède trois yeux : deux normaux et un troisième sur le dessus de la tête, appelé « œil pinéal ». Il ne lui sert pas à voir, mais à recueillir des informations sur la luminosité, la présence d'un prédateur au-dessus de lui (comme un oiseau) et à adapter la couleur de sa peau en fonction. Suite à la découverte de fossiles de reptiles préhistoriques, ce troisième œil pourrait être le reste d'un œil véritable. Accessoirement, les iguanes, tout comme les serpents, possèdent deux pénis, un pour la copulation et un pour uriner.

Dans son histoire, la France a fait plus d'essais nucléaires (210) que la Chine, le Royaume-Uni, la Corée du Nord, l'Inde et le Pakistan réunis. Rassure-toi, on est quand même loin des 1054 essais réalisés par les États-Unis !

8,3 TONNES DE BD

Bob Bretall a commencé à collectionner les comics à l'âge de 10 ans, avec l'acquisition du numéro 88 de *The Amazing Spiderman*. Quarante-deux ans plus tard, il est officiellement devenu le détenteur de la plus grande collection de comics et de BD au monde. Selon le *Livre Guinness des records*, **il possède plus de 100 000 exemplaires et le poids de sa collection est estimé à 8,3 tonnes.**

THE BATMAN

Daniel Kish est un Californien devenu aveugle à treize mois suite à un cancer des yeux. Il a développé une technique d'écholocalisation. Un peu comme un sonar, il produit un son par un claquement de langue et se créé une image mentale de son environnement en l'écoutant. Les chercheurs ont remarqué que la zone active dans son cerveau est la même que celle de la vue. **Cet homme arrive donc à voir avec ses oreilles.** Ça lui permet de faire du vélo ou même de la randonnée. Je pense que son surnom d'homme chauve-souris est plutôt approprié, d'autant plus qu'en anglais, ça claque : en Californie, on le surnomme « Batman ».

LE GOÛTER DE NUIT

La Chine est un immense pays qui s'étend sur cinq fuseaux horaires différents, mais le gouvernement a choisi d'imposer une heure unique, celle de Pékin, pour tout le territoire. Du coup, à Urumqi, une des villes les plus à l'ouest du pays, la nuit tombe toujours très tôt !

DES COLLIERS DE PROTECTION

Les colliers à pointes métalliques ont été créés, à l'origine, pour les chiens de berger, afin de les protéger des attaques de loup lorsqu'ils montaient la garde des troupeaux. Les premières traces de ces colliers remontent à la Grèce antique !

UN TROP BON COMÉDIEN

En juin 2017, un contrôleur dans un TGV Paris-Marseille entend quelqu'un parler d'arme (« *weapon* ») à travers la porte des toilettes... Inquiet, il décide d'alerter les autorités. Une douzaine de militaires interviennent quelques minutes plus tard pour déloger cet homme potentiellement armé et dangereux des toilettes où il était retranché... Il s'agissait finalement d'un comédien répétant son texte pour une pièce de théâtre.

SERIAL MUSICIANS

En plus d'avoir une discographie absolument géniale, Metallica est rentré dans l'histoire en décembre 2013 après avoir joué en un an sur les sept continents (Amérique du Nord, Amérique du Sud, Europe, Asie, Océanie, Afrique, et même Antarctique, devant des scientifiques).

UNE CHAUVE-SOURIS TOUTE KITTITE

La Kitti à nez de porc est la chauve-souris la plus petite du monde. Mais elle ne s'arrête pas là puisque c'est également le mammifère le plus petit par la taille connu à ce jour ! En même temps, avec en moyenne trois centimètres de longueur pour deux grammes, c'est compliqué de faire moins.

FERMES DE LA DÉCOMPOSITION

Une ferme des corps est un lieu scientifique où l'on étudie la décomposition de cadavres en observant sur eux l'impact du climat, de la faune, de la flore, etc. Ces endroits morbides sont très utiles pour plusieurs professionnels comme les médecins légistes ou les enquêteurs de police. Il en existe plusieurs dans le monde, mais la majorité se trouve aux États-Unis. Attention, je te déconseille de rechercher ce terme dans Google Images !

LE TRAITÉ DU PROUT

Le traité du Prout a été signé le 23 juillet 1711 et a mis fin à la quatrième guerre russo-turque. Officiellement, son nom c'est le « traité de Fălciu » mais, dans la pratique, **il porte le nom de la rivière près de laquelle il a été ratifié, le Prout.**

LE MUSÉE DE LA CONTREFAÇON

Le musée de la contrefaçon à Bangkok, en Thaïlande, expose plus de 4000 objets contrefaits tous mis côte à côte avec un article authentique pour montrer aux visiteurs les subtiles différences. On y trouve aussi bien des t-shirts, des batteries de téléphones portables ou des médicaments, que des dentifrices, des pièces automobiles ou même des stylos-billes.

DÉRIVE GÉNÉTIQUE

Les Amérindiens du Pérou ont tous le même groupe sanguin : O. La population étant peu exposée aux contacts extérieurs, l'allèle O a fini par prendre le dessus sur les allèles A et B. C'est ce qu'on appelle la dérive génétique.

OLA ROBOTIQUE

L'équipe sud-coréenne de baseball Hanwha Eagles a installé dans son stade des robots contrôlables à distance par les fans ne pouvant pas venir assister au match. Ils peuvent crier, chanter et même faire la ola !

DES BOMBES SUR LES LAOTIENS

Le Laos est le pays le plus bombardé de l'histoire par rapport à son nombre d'habitants. Entre 1964 et 1973, plus de 2 millions de tonnes de bombes ont été larguées sur le pays.

Bon, on s'y est mis à 7 pour recompter et on tombe tous sur 777 faits. Si par malheur il en manquait un, en voici un bonus :

Le YouTuber Doc Seven a la meilleure communauté du monde. Alors abonne-toi !

Concernant les remerciements, et histoire de ne faire aucun jaloux, merci à tous.
Et merci Papa.